目次

電波が運んだ日本語
――占領地、植民地におけるラジオ講座

一　戦前戦中の日本語教育は何を目指していたのか

1　テキストを「繙く」

「戦前、戦中を通じて、日本は植民地とした地域や、占領した地域で日本語教育を行っていた」ということは、多くの方がご存知のことだと思います。しかし、具体的にどのような教材を使って、どのように教えていたのか、何を教えていたのか、という点については、あまり知られていないのではないでしょうか。本書では、学校教育や地域で行われていた日本語学校での教育ではなく、一九二六年に日本に登場した「ラジオ」というメディアを利用した日本語教育がどのようなものであったのかについて、収集できたテキストなどを基に、繙いていきたいと思います。

皆さんの外国語を勉強しようという理由にはどのようなものがあるでしょうか。入試科目にあるから、就職に有利な資格を取りたいから、仕事で使うから、外国人の友達ができたから、その言葉を使う国に旅行したいから……など、様々な理由があると

思います。逆に、みなさんが、身近な人に何かの外国語を勉強するように勧めるときには、どんな理由があるでしょうか。その人の人生を考えるとき、入試科目にあるから、就職に有利な資格を取らせておきたいから、仕事で使うかもしれないから、その言葉を使う国に旅行したいから……など、やはり、様々な理由があると思います。外国語に限らず、何かを勉強しようと思うその理由があるように、何かを勉強させようという側にもその理由があるのです。そして、本屋さんに出かけてその外国語のテキストを手に取った時、何冊も何冊もめくって、自分の目的に合ったものを選びますよね。入試科目にあるから、というのに観光旅行に使う言葉の練習や観光案内の本を買う人はまずいないでしょうし、逆に、観光旅行に行こうという人が大学入試のテキストを買うこともまず考えられません。つまり、学びたい側と学ばせたい側との接点が教材なのです。

2　困難な資料収集

本書では、ラジオ講座のテキストを取り上げ、そのラジオ講座を聞いて日本語を学ぼうとしていた人たちと、そのラジオ講座を通じて日本語を学ばせようとしていた人たちについて、後者の側、学ばせたい側の意図を中心に戦前戦中の日本語教育について解説します。とはいえ、今日でも、ラジオ語学講座のテキストを何年も何十年も大切に取っている人は少ないように、戦前戦中は、その発行部数の少なさもあり、資料の収集が非常に困難です。

例えば、筆者が主なフィールドにしている朝鮮半島での「国語講座」の記録については、朝鮮放送協会で働いていた方々の親睦団体である朝放会《ちょうほうかい》の関係者の方の回顧録や、戦後に出された文献はもとより、当時の『ラジオ年鑑』、筆者が独自に入手した『朝鮮放送協会報』*などにも掲載されておらず、当時を知る人に話を伺うことができたのも一度だけです。その中のひとり、当時朝鮮放送協会の記者であった韓国人のM氏**も「国語講座」という放送があったことは覚えていて、担当されていた方についても断片的な記憶はありましたが、その後の筆者の調査で詳細を突き止められない状況です。そのほかの地域でも、それぞれ一種類のテキストしか発見できていません。そのため、本書では、筆者の収集した資料の分析を通し、講座の送り手の意識から考えます。

講座の送り手の意識、学ばせたい側の意図に関しては、使用された教材がどのような目的をもって、どのような内容で作成されたのかの分析に、今日の日本語教育（のみならず、外国語教育一般）で言われている「シラバス」という視点を取り込んで検討します。「シラバス」を含め、今日の日本語教育の基本的な用語を第二節で解説していきます。そのうえで、第三節において当時のラジオ日本語講座が、何を目指していたのか、考えていきます。読者の皆さんも、ご自身が外国語を学ぼうとされるときにどんなことを考えて始めようとするのか、また、外国人に日本語を教えてほしいと頼まれたときに、どうするのか、具体的に考えながら読んでいただくと、漠然と、「戦前、戦中を通じて、日本は植民地とした地域や、占領した地域で日本語教育を行っていた」というだけでなく、そこに、日本語教育のプロが関わり、当時、様々な圧力や事情、制限がある中で、矛盾に苦悩しつつも、プロとしての矜持を保って時代の求めた内容を先端の教授方法で教えようと努力していた私たち日本語教員の大先輩たちの仕事を

*朝鮮放送協会報
一九三六年から一九四七年まで。主な内容は、放送関連法令と人事記録であり、創氏改名の届も掲載されています。

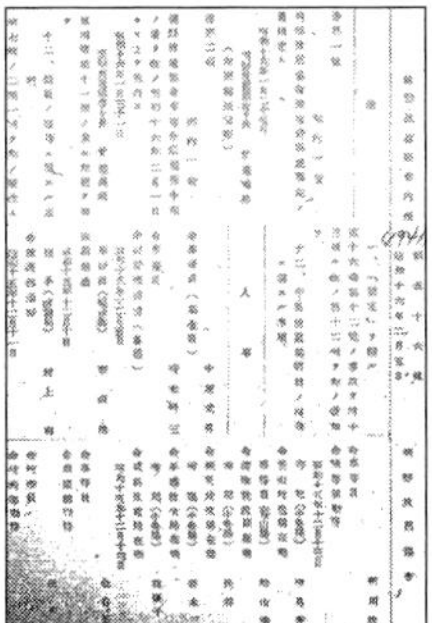

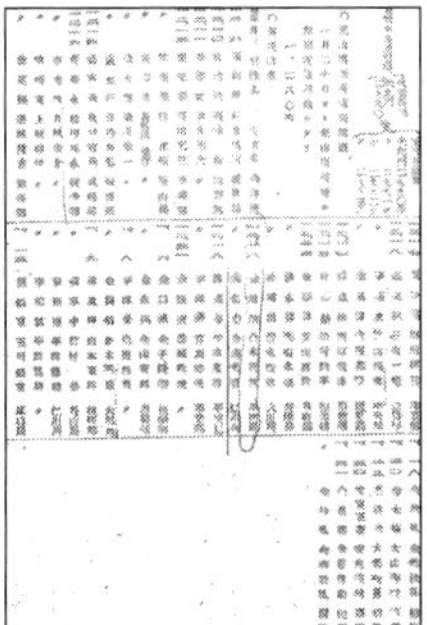

**朝鮮放送協会の記者M氏
二〇〇四年八月一七日に、KBSの方を通じて紹介していただき、インタビュー調査を行った。データは未公開です。

教材から感じ取ることができると思います。

二　「言葉を学ぶ」「言葉を教える」ということ

前節の終わりにも書きましたが、みなさんは、外国語の勉強をするときに、どんな準備をしますか？　また、外国人に日本語を教えてほしいと頼まれた時に、何から教えようと考え、どのような準備をするでしょうか。高見澤［二〇〇四］を参考に説明します。

授業の計画を立てることを、「コースデザイン（course-design）」といいます。そして、コースデザインに必要な学習者の情報を提供してもらう活動に、「ニーズ（needs）調査」と「レディネス（rediness）調査*」という二つの調査があります。

1　コースデザインのために——ニーズ調査

「ニーズ調査」とは、学習する人に対して以下のようなことを尋ねます。

「どうして日本語を勉強するのか」
「どこでだれに使うのか」
「どのレベルまで勉強したいのか」
「どんな技能が必要か」

具体的にみていきましょう。

＊レディネス調査
学習に向けて、学習者の「準備・条件」がどのような状況にあるかを調べること。

「どうして日本語を勉強するのか」を聞くことにより、何を教えるのかを適切に選び出すことができるのです。日本の会社で働く、という学習者であれば、社内で使用する基本的な言葉、その業界の用語、敬語、報告書を書くための漢字などを教える必要が出てきますし、留学して日本の大学で勉強したいという学習者であれば、講義を聞く能力をつけ、板書を読み取って書き写す能力、教科書や参考書を速読し、論文を書く能力が必要となってきます。

「どこでだれに使うのか」を聞くと、何が決まってくるでしょうか？　使う場所が大学で、話し相手が先生であることが多いのであれば、敬語の習得は必要で急がなければなりませんが、話し相手が友達であることが多いのであれば、敬語の習得よりも、会話のスピードや、若者言葉といったものの習得が急がれるでしょう。工場で働くということなら、注意書きやマニュアルを読む能力を身につけなければならないでしょうし、機器の使用に関する研修が受けられるだけの聞き取り能力なども求められてくるかもしれません。つまり、身につける「語彙」「技能（読む、聴く、書く、話す）」「待遇表現（敬語や丁寧さ）」とそれを教える時期とが決まってくるわけです。

つぎに「どのレベルまで勉強したいのか」、これはどうでしょうか。今の日本語能力から、どこまで日本語力を伸ばしたいのかを尋ねていきます。これで、どの程度の学習時間が必要なのか、どういった能力の訓練が必要なのかが決まります。

「どんな技能が必要か」は、「どこで誰に使うのか」という質問とその回答から読み取ることもできます。いわゆる、「読む」、「聴く」、「書く」、「話す」のどの技能を優先して訓練していくかということです。日本の映画が観たいということであれば、聴くことに特化した授業を準備する必要がありますし、小説や漫画を読みたいということであれば、読むことに特化した授業の準備が望まれるでしょう。このように、学習者のニーズを調査するということは、どのような日本語教育を提供するのか、ということに直結する重要なことなのです。

さて、本書が取り上げるラジオ講座のテキストの内容を実際にご紹介する前に、少し考えたいことがあります。日本が植民地として支配していた地域では、日本語は「国語」として教育されていました。義務教育ではなかった時間が長いとはいえ、初等教育機関ではすべての科目が「国語」によって教育されていました。このような地域では、ラジオ講座に何が求められていたでしょうか。

また、日本が戦時中に占領した地域、こういった地域では、「国語」ではなく、「日本語」という一つの言語として希望者に教育が行われていましたが、このような地域では、ラジオ講座に何が求められていたでしょうか。

おおよそ、あらゆる生活が日本語で営まれている植民地と、そうではない占領地とで同じことが求められていたとは考えにくいのです。皆さんはどう考えますか。

2　コースデザインのために――レディネス調査・学習ストラテジー

では、もう一つの、「レディネス調査」について説明します。例えば、次のようなことを調査します。

「学習を希望しているのは誰か」

「学習期間の予定はどの程度の長さか」
「週当たり何時間授業に出られるのか」
「どんな時間帯に授業ができるのか」
「自習時間はあるのか」
「利用できる機器にどんなものがあるか」
「日本語を学習した経験があるか」
「あれば、日本語の現在のレベルはどのくらいか」
「あれば、教科書は何だったか」
「ほかの外国語学習の経験はあるか」
「あれば、どのレベルまで勉強したか」
「好きな勉強の仕方はあるか」

「学習を希望しているのは誰か」という問いは、誰の希望を取り入れ、誰に満足してもらえば良いか、の確認作業です。本人が希望しているのであれば、本人の学びたいことを学びたいだけ提供すればいいですが、例えば、会社が希望した場合は、会社が必要としていることを教え、その結果に会社が満足できなければ評価が低くなります。

「学習期間の予定の長さ」については、日本語を学習する期間をどの程度と見ているのか、一年なのか、一か月なのか、その期間を確認しなければ、ゴールを立てることができませんし、要求されたレベルに達成するためにどの程度の期間が必要なのか、調整する必要が出てきます。

「週当たりの時間数」も同様です。語学学習ですから、ある程度集中的に教授した方が効果は上がるといえます。一週間のうち、何時間、日本語の授業に割くことができるのでしょうか。

「どんな時間帯に授業に出られるのか」は、早朝か、午前か、午後か、夕方、夜、どの時間帯に授業が組めるのかを尋ねるものです。学外活動の計画を立てるために必要な情報ですし、三交代の工場で働いているという学習者の場合ですと、時間帯をしっかり確認しておかないとコースの組み立てが不可能です。

「自習時間の有無」は、宿題を出すことができるのかどうか、授業時間に全て済ませてしまわなければならないのか、ということ、また、教室外での日本語使用を進めることができるかどうかを確認するために必要です。

「利用できる機器」について尋ねるということは、インターネットでの調べ学習、CDによる音声の確認、そのような課題を出すことができるかどうかの判断に重要です。

「日本語の学習経験」「日本語のレベル」「使用した教科書」は、全て授業の準備のために重要な情報です。レベルの申告が自己申告であっても、使用した教科書とどこまで勉強したのかを確認することで、実際の状況がわかります。さらに、習ったのが日本人教員だったのか、そうではなかったのかも、日本文化などへの理解をはかるために重要になってくる情報です。「外国語学習の経験」「外国語のレベル」「好きな勉強の仕方」は、いずれも、学習ストラテジー*（strategy）に関する質問です。

「外国語学習の経験」を尋ねるのは、外国語を学ぶという経験を持っていない場合、どうやって勉強すれば良いのか、という指導が必要になってくるということです。少

＊学習ストラテジー

ここでは、狭義に「言語学習ストラテジー」についてお話しします。言語学習ストラテジーとは、言語を学ぶ時にどんな工夫をしているか、どんな方法を選んでいるか、ということで、直接ストラテジーと間接ストラテジーとがあります。直接ストラテジーとは、読む、聞く、書く、話す、のように、直接その言語を学ぶ、その言葉を普通に勉強するための工夫や方法を言います。一方の間接ストラテジーとは、言語学習の環境を整えるような工夫や方法を言います。新しい言語を勉強するために、辞書を買いそろえたり、スマホにアプリを入れたり、部屋の模様替えをして気分を変えたり、といったことを言います。

なくとも、外国語学習の経験があれば、教科書を音読する、単語を筆写する、などは、経験があると考えて良いのではないでしょうか。また、外国語のレベルも、自分がどの程度上達した経験があるのかを尋ねることになり、日本語を学ぶ際のイメージがどの程度できているかを知ることができます。その際、どんな教科書を使用したかも、本人が思っている日本語のレベルが妥当なのかどうかの判断基準になるものです。

余談ですが、日本語のクラス分けのインタビューテストの際、「自分は初級ではない、中級だ」ということを日本語ではなく母語で訴え続ける学習者がおり、「中級なら日本語で答えてください」という言葉が通じなかったこともあります。自己申告を信じるのはなかなか難しいことです。

3　コースデザイン

言葉を教えるときには、このような、ニーズ調査とレディネス調査をしたうえで、語学教師は目の前の学習者のために、何を使って、どんな内容を、どうやって、どのくらいの時間をかけて身につけさせるかを考えます。それがコースデザインです。

ラジオにおける語学講座の場合はどうでしょうか。聴取しようとしている人たちのニーズやレディネスを調査することは実際には不可能です。それは、現在の語学講座でも、聴取ターゲットを絞り込むことでニーズについて予測しつつ番組を作っているという点では変わりません。中学一年生向け、ビジネスマン向け、そういったターゲットの絞り方は、理解していただけるのではないでしょうか。

では、戦前の講座はどうだったでしょうか。

一地域で複数の番組が準備できているのであれば、レベル別に番組を作成することができると思いますが、そうでない場合は、限られた番組をより多くの人に届けるために配慮が必要となります。そして、ある程度のニーズを踏まえながらも、番組制作者側のニーズに沿って番組は作られるといってもいいでしょう。

つまり、当時の教材の内容を検討することにより、どのような人を対象に、何を教えようとしていたのか、という教える側の意図がわかってくるはずです。そして、番組の方針を決める人と番組の実際を作り上げる日本語教師の間で、どのようなせめぎあいがあったのか、検討することも可能になると思うのです。

4　シラバス

ところで、皆さんは「シラバス」という言葉を聞いたことがありますか?

本来、「シラバス」とは学習する項目や授業の詳細を記したものといわれていますが、本書では、その学習項目をどういった基準で選択し、授業をどういう枠組み（どういう能力を身につけるのか）で進めるか、を示したものと考えます。

このシラバスには、上に述べた学習項目を選択する基準に従って複数種類あります。まず、どのような種類があるのか、整理しておきたいと思います。

①構造シラバス

構造シラバスとは、文の構造の易しいものから難しいものへと並べたものをいいます。メリットとしては、学習者の負担が少ないスタートであり、その言語についておおよそ全ての形式的なパターンを教えることができます。デメリットとしては、学習者は自分の学びたいこと、必要としていることから学ぶのではないということ、また、前後の文脈や場面から切り離された言語を学びますので、実際に使用できるようになるまでに時間がかかる上に、誰でもそこに到達できるわけではないということです。その言語について説明できても、その言語を駆使して生活することはできない可能性があります。

②文法シラバス

文法シラバスとは、文法的な範疇でのまとまりに沿って教えることをいいます。例えば、「名詞」「動詞」「形容詞」「助動詞」といった文法的な概念のまとまりです。メリットとしては、構造シラバスと同様に、その言語についておおよそ全てを学ぶことができるということです。デメリットは、これも構造シラバスと同様に、実際の使用されている状況とは関係なく、文だけが切り取られて教えられますので、やはり、実際に使用できるまでにはかなり時間がかかるということが挙げられます。

③話題シラバス（トピックシラバス）

話題シラバスは、ある話題について話すために必要な語彙や表現を整理したものをいいます。例えば、「運動会」について話すためには、「紅組」「白組」「徒競走」「騎馬戦」などという語彙が必要でしょうし、「走れ！」のような命令形も取り上げなければならないでしょう。メリットは、学習者の必要としていることから教えられること、学ん

○コラム・1

例として、シラバスに沿った架空の教科書の目次を考えましたので、見てください。

①構造シラバス
第一課　本です。
第二課　わたしは　学生です。
第三課　わたしは　学校へ　行きます。
第四課　わたしは　リンゴを　食べます。

②文法シラバス
第一課　名詞
第二課　名詞＋です
第三課　い形容詞

③話題シラバス
第一課　私
第二課　日本の食べ物
第三課　私の家族
第四課　趣味

④機能シラバス
第一課　依頼する
第二課　謝罪する
第三課　感謝する
第四課　誘う

だ内容が「すぐ使える」ということです。言語学習にとって、学習者の必要としていることから学べるということは大きなメリットです。デメリットは、系統立てて学んでいないということ、言い換えれば、昨日学んだことが今日の学びに役に立てられないということです。「運動会」を取り上げた次の授業で「誕生日」という話題を取り上げられても、重なる語彙や表現はほとんどないでしょう。また、それらの表現を支える文法的なルールについても、系統だてて指導できるわけではないので、積み重ねのない中で、一つ一つ理解していくしかありません。

④機能シラバス

機能シラバスは、言語の働き、機能面で整理したものです。言語の働き、機能とは「その発話が何を意味しているのか、相手に何を伝えようとしているのか」ということを指します。具体的に言えば、「依頼」とか、「謝罪」とか、「許可」といったものです。

依頼表現には、「～して」、「～してください」、「～していただけませんか」、「～してくださいませんか」といった様々なバリエーションがありますが、これは、話し手と聞き手の人間関係、公的・私的場面、などに左右されています。こういったものを整理しながら教えていくための学習項目のリストになります。メリットは、既習の日本語を使う相手や場面によって整理していけるということであり、デメリットは、その整理ができるほどの言語表現を学んでおかなければあまり意味がないということでしょう。加えて、一つの文が一つの機能しか持っていないわけではないということも挙げられます。適当にやったレポートを先生に提出した時、先生から「これは何ですか？」

⑤場面シラバス

第一課　学校の事務室で
第二課　郵便局で
第三課　銀行で
第四課　駅で

⑥技能シラバス（書くこと）

第一課　自己紹介カードを作ろう
第二課　友達にメールを送ろう
第三課　ホストファミリーへの手紙の書き方
第四課　用件を伝えるメモの作り方

⑦概念シラバス

第一課　変化を言う――グラフの読み取り
第二課　順序を言う――論理的な文とは
第三課　時間を言う――スケジュールを伝える
第四課　成長を言う――植物の観察

⑧課題シラバス

第一課　研修旅行に行こう！
第二課　ホテル、旅館、どちらに泊まる？
第三課　日本の大学生の好きなアルバイトは？
第四課　大学の模擬店を出店しよう！

と言われたら、それは、「レポートです」という答えを求めているのではなく、「すみません、時間がなくて」という釈明を求めている表現だということなどは、比較的わかりやすい例かもしれません。

⑤場面シラバス

場面シラバスとは、その言葉が使われる場所によって整理したものです。よく旅行ガイドブックの後ろに掲載されている会話集のイメージでしょうか。例えば、「ホテルのフロントで」「駅のチケット売り場で」「郵便局で」といった場面を示し、そこで使われる語彙や表現を整理していきます。話題シラバス同様に、学習者の必要としている語彙や表現を学べるというのがメリットですが、それを支えるための多くの語彙や複雑な表現学んでおく必要があるという点も、話題シラバスと同様です。

⑥技能シラバス

技能シラバスとは、いわゆる四技能、読むこと、書くこと、聞くこと、話すこと、のどれに注目するか、ということに重点を置いたものになります。例えば、学習者が、「書くこと」を学びたいと希望した場合は、日本語の「書く」という活動を洗い出し、「友達にメモを残す」「履歴書を書く」「お礼の手紙を書く」「料理のレシピを書く」というふうに、硬軟交えた、書く活動を取り上げていきます。メリットは、求めるスキルをいち早く身につけられるということですが、それを支える語彙や文法項目の習得を終えているのがやはり前提になります。

⑦概念シラバス

概念シラバスとは、「順序」、「時間」、「変化」と言った人間の認識に基づく概念を項目として整理したシラバスのことです。メリットは、学びたいことが学べるということで、デメリットは系統だてて学ぶことができないということ、技能シラバスや機能シラバス同様、学習項目を支えるだけの語彙や文法項目の学習が伴っていない場合は、授業が大変だということです。

⑧課題シラバス（タスクシラバス）

学習者に要求する活動に必要な語彙や表現を取り上げて整理したシラバスをいいます。例えば、「研修旅行のしおり作り」のような課題を与えた場合、ホテルの手配、交通手段の確認、訪問先のチェックなど、日本語を駆使して様々な活動を展開すると思われます。そういう活動に基づいて作成していきます。メリットは、日本語の実際の運用を体験できるということ、言い換えれば、教室内で特定の教員だけに日本語を使うのではなく、不特定多数に対して日本語を駆使していくという活動が体験できることです。デメリットは、任せきりにしていると、うまくいかなかったことがその後の学習の阻害要因になりかねないこと、また、外国人慣れしていない日本人が対応した場合、不快な思いをする可能性があること、加えて、外国人だとみると何もかも英語で済ませようとする人と出会った場合、日本語の練習にならないということが挙げられるでしょう。

5 「言葉を学ぶ」「言葉を教える」ということ

ここまで、ニーズ調査、レディネス調査、学習ストラテジー、コースデザイン、シラバス、といった「言葉を学ぶ」「言葉を教える」際に、どのようなことが行われているのかについて、把握しておいていただきたいと思い、ページ数を割いてきました。

この本でご紹介しようとしている、戦前のラジオにおける「国語」「日本語」講座を理解するためには、こういった、語学教育の視点が不可欠だからです。これまで、戦前の「国語」教育については、皇民化教育というイデオロギー教育や、軍国主義といった主義の下での分析が中心でした。ですが、それは、今日の価値観で見て、今の私たちの周りにある語学講座と何が違うのか、を見た場合に見えてくるものです。私がここでご紹介したいと思うのは、前提としての「語学講座として共通していることは何か」ということ、そういった共通項目がありながらなぜ違いが生じているのか、という視点で見ていこうとするものです。ですから、今日の語学教育の話を基本として知っていただこうと思いました。

「語学講座として共通していること」は、一人の講師が電波の届く限りの範囲で授業を持つことができるという点、更に、受講する生徒に何ら資格制限をつけることができないという点、聞くのもやめるのも極めて自由である点、成績が出たり修了証書が出たりするような講座ではない点、音声主体なので聞きなおしは基本的にできないこと、質問に対応してもらうことが非常に困難である点、などが挙げられます。

一方で、今日の語学講座との違いは、学習者のニーズ分析にあるのではないでしょ

○コラム・2

余談になりますが、著者自身が日本語の授業をするときは、常に教室外へつながる活動を心掛けた授業をしています。日本語を初めて学習し始めた学習者に対しても、必ず「電話でピザを注文する」という活動を行います。

ピザのチラシを配って、何を食べるかの相談をします。○○さんはイスラム教徒だから豚肉はダメだ、という話をしたりしながら、カタカナを読んで材料が何かを話し合います。そして、学習者の一人がピザ屋さんに電話をかけ、ピザの種類、サイズ、トッピングをいい、大学の住所と届けてもらう場所、自分の名前と電話番号とを口頭で伝えます。三〇分後、ピザが届くと、みんな小躍りして喜びます。自分の日本語が、教師以外の日本人に通じたという経験、そして、これは教師としての私の願いでもありますが、学習者が、この日以降、一人でピザの注文ができるようになることを意味します。日本語を学ぶことで、学習者の日本での生活の質が向上します。

ある言語を学ぶということは、その言語が使用されている社会での自分を

確立させること、生きていけるという
ことを具体化する重要な手段なのです。

うか。戦前戦中の語学講座では、学習者側のニーズというよりも、教授者側のニーズが優先され、「何を教えるとよいか」という視点でシラバスが作成され、コースデザインが決定していたと思われます。その「何を教えるとよいか」という視点で抽出整理されたシラバスに基づき、どのような内容に組み立てていくか、それが、地域差であったり、かかわった教員の思いの違いだったと思われます。今日の語学講座でも学習者のニーズ調査が十分にできるわけではありませんが、想定した学習者にとって何が役に立つのか、というニーズの設定は行っていると思います。戦前は想定した学習者に対して何を教えるべきか、という設定だったと思われます。シラバスは、そういう意味では、ラジオテキストの内容を検討するときにとても面白い考え方を提供してくれます。

三　ラジオ講座は、どんな日本語を教えたのか

さて、ここでは、筆者がこれまでに入手してきたラジオ放送による日本語講座、「国語」講座のテキストやその抜粋をもとに、どのような内容だったのか、どんな日本語を教えていたのかについて、説明していこうと思います。

先に、ニーズ調査、レディネス調査、シラバスについて説明してきましたが、それを踏まえて見ていただくと、教える側が何を考えていたのか、学ぶ側に何を求めていたのか、その講座がどんな目的を持っていたのかが、浮き彫りになってきます。

本書では、五種類のテキスト*を紹介します。

*本書で扱うテキストについて
筆者の収集した資料には、満州でのロシア語母語話者向けに作られたテキストもありますが、ロシア語だけだったかどうかがはっきりしませんので、本書では取り上げませんでした。

1　南方**の場合……『にっぽんご』

発行年　昭和一九年一一月五日初版発行（一万五〇〇〇部）
編纂者　日本放送協会
発行者　日本放送出版協会、定価八五銭

①資料の解説

この放送に供されたテキストの「あとがき」から、番組の位置づけを確認しておきましょう。一般にラジオ講座のテキストそのものには、学習内容だけが記載されているのですが、この教材に限っては、指導者側への解説が書かれているためです。中にも書かれていますが、ラジオ電波が届かない場合でも使うことを考えていたと思われ、かなり、特別な使用方法が想定されていたと言えるでしょう。四、五、七で取り上げている日本語がどのような日本語なのかを示し、八、九ではこのテキストを使った日本語の授業についての指示、十〜十三では文字の扱いについて解説してあります。これは、他のラジオテキストには見られない特徴的なもので、このプログラムの位置づけを示していると思われます。

少し長いですが、現代仮名遣いに改め引用します。

一、この教科書は南方各地の放送局で、現地放送によって原住民に日本語を教えるために作ったものです。

写真1　南方『にっぽんご』表紙（NHK放送博物館所蔵）

＊＊南方

ここで示されている「南方」がどういった範囲を示すかという点について、テキストに明示されているわけではありませんのでテキストからくみ取ることはできません。範囲を推測する傍証として、昭和一八（一九四三）年の『ラジオ年鑑』を挙げておきたいと思います。ここでは、「南方圏の放送事業」というタイトルで、「佛領印度支那、タイ、ビルマ、フィリピン、東印度、マレー」が挙げられています。放送網やラジオ放送の体制などで南洋諸島がどのように扱われていたのか、より詳細な調査が必要だと思われます。

二、（略）

三、（略）

四、放送においてはあくまで正しい日本語を教えるべきものと思います。標準語の語法、発音、アクセントに従うことは無論であり、且つ正統的な日本語、つまり過去より現在に接続し、将来に連なるような正しい言葉を教えねばならぬと思います。一時の便宜上から変則なゆがんだ日本語を採用すれば、その禍《わざわい》は長く将来に残るでありましょう。放送は原住民が日常生活で習得した日本語を純化し、これを標準のものに統一していく立場に立つのであります。

五、この教科書では文例は最後まで標準語の話し言葉で通してあります。文法的な説明は避けて、会話を聞かせ、暗記させることによって次第に習得していくようにしてあります。現地住民の青年層を対象として考えてありますから、やむを得ない場合を除いてはできるだけ子供っぽい内容を避けました。

六、（略）

七、語彙は頻度を考慮して適宜採録したつもりでありますが、日常生活に用いられているものをすべて網羅するわけにはいきません。それはほかの手段による習得に待つべきものでありましょう。

八、原住民の放送員と協力して、現地語の通訳及び説明をその都度つけていくようにしてください。擬音並びに音楽の活用もご研究願います。擬音の音

○コラム・3

韓国ソウルを訪問した際、一九四〇年代に朝鮮放送協会で放送記者をされていたM氏にお話を伺う機会がありました。そこでお聞きしたことの一つに、学校で習っていた先生の話す「国語」とレコードの音声の「国語」で方言の違いを感じたことがありますか、というものがありました。答えは、私の思いとは異なり、「そんなことは気にならなかった」というものでした。レコードやラジオは、日本語の多様性を日本語を話す地域にさらけ出すものであったと考えていましたが、それについては、さらに検討が必要のようです。当時のラジオドラマの脚本を集めたり、教科書の模範朗読のレコードを集めたり、当時の日本語の再現、確認のための資料集めを継続しています。

盤は後からお送りいたします。

九、一回二十分乃至《ないし》三十分位の講義三十回で終わるようにしてあります。つまり毎日連続ならば一月《ひとつき》、隔日ならば二月《ふたつき》で終わるわけであります。終わったら翌月から再び初めから繰り返すようにすれば、同じ言葉が何回でも聴取者の耳に入るわけで自然おぼえこんでいくことになりましょう。

十、基本の文字としてひらがなを採用してあります。これは進んで日本語を極めようとする者にとっては、ひらがなのほうが便利であり、文字を教えるなら初めから、ひらがなを教えた方がよいと考えたからであります。しかし聴取者の大部分がテキストを持たないような場合は無論、文字は考慮に入れる必要はないわけです。

十一、縦書き、分かち書き*とし、助詞も切り離して書いてあります。

十二、下段にはカタカナで発音を示し、息の段落による分かち書きとし、尚アクセントを傍線で示してあります。

十三、仮名遣いは国定教科書に従っています。終わりにはやさしい漢字も入れてあります。

十四、（略）

十五、（略）

②テキストの内容

全三〇課の構成ですが、それぞれにタイトルがついているわけではないので、ここ

＊分かち書き
語の区切りに空白を挟んで記述すること。

ではそれぞれの課の特徴について述べていきます。第一課は挨拶表現ですが、先に引用し紹介した「あとがき」に述べられているように、ひらがな書きの本文が上の段にあり、下の段にはカタカナが発音通りに、長音は長音符号の「ー」を使って書かれています。またアクセントの山の部分に傍線が引かれています。第一課の一部を引用します。ひらがなとカタカナの表記に違いを示すために、ここでは、テキスト通りの表記で書くこととしました。

こんにちは。　コンニチワ
おはやう。　オハヨー
おはやう　ございます。　オハヨーゴザイマス
こんばんは。　コンバンワ
たらうさん、こんばんは。　タローサン　コンバンワ
せんせい、こんばんは。　センセー　コンバンワ
さやうなら　サヨーナラ

第二課は「わたくしは～です」「あなたは～です」という文が採られています。以下、三〇課まで、新出のいわゆる文型とどのような場面が採用されているかを表にしました（表1）。例文については巻末六七頁の資料1を参照してください。文型は、現代仮名遣いで示していますが、表中の「N」は名詞（noun）、「V」は動詞（verb）、「Adj」は形容詞（adjective）を表しています。

表1　『にっぽんご』テキストの内容

課	文型	場面
1	挨拶	学校
2	Nです 私は　Nです	学校
3	どなたですか はい／いいえ Nですか／ではありません	学校
4	Nがあります これ／それ／あれ 何ですか これはNです	学校
5	Nがいます いらっしゃいます	学校
6	NとN Nはどこにありますか ここ／そこ／あそこにあります	学校
7	新出事項無	家庭
8	Vています／いらっしゃいます（状態） Nを どなたのN	学校
9	この／その／あの （人）のです そうではありません	学校
10	おとこ　おんな 兄弟姉妹の言い方 複数の「〜たち、〜がた」	学校
11	いくつ （数）つ 形容詞の連体形 Adj Nが（数）あります	
12	〜まい （数）1〜10 何枚	
13	何人 一人、二人、三人、… Nには（複合助詞） おとうさん、おかあさん	
14	いくら Nを　ください 〜銭 ありがとうございます いただきます	文房具店
15	副詞 ございません それでは	瀬戸物屋
16	Nの上にNがあります 上、下 色（赤い、青い）	学校
17	（場所）でV 右、左、前、後ろ	自宅
18	（場所）から Vて、〜 東西南北 自動詞	
19	曜日	
20	Vています（進行）	街頭
21	Vています（復習）	
22	Vてきます Vました	
23	Vましょう／ましょうか	道
24	Vました	道
25	Vてくださいませんか 伺います、お待ちしています	自宅、電話
26	挨拶 お入りください	自宅、訪問
27	（場所）へV	自宅、訪問
28	（場所）にV Nも	ラジオ体操
29	Adjくなります Nのようです	
30	Vたら Vとき （道具）で	

③テキストから汲み取れること

表1からもわかるように、すべての課で場面はきちんと埋まりません。しかし、二節で解説した「場面シラバス」に基づいた部分もあるテキストだということがわかります。文法的に「易しい」ものから「難しい」ものへ配列されており、「構造シラバス」に基づいて作られているとも考えられます。一方で、話題シラバスというとり方や、機能シラバスというとり方はできないでしょう。

また、このテキストは、本節の冒頭で示した「あとがき」（一九頁〜）の八の記述にあるように、「現地語の通訳及び説明をその都度つけていく」ことを前提としていることから、実際何を放送したのか、という疑問も生じてきます。九にあるように「一回二十分三十分位の講義」であれば、本文の朗読だけでは終わらなかったと思われるからです。原住民の放送員の協力による現地語の通訳や説明が都度あるとすれば、実際の放送では、日本語によるその説明と解説があったと考えるのが自然でしょう。

他方、アクセントを極めて重視して、すべての例文に発音の指示をし、基本の文字を平仮名とするなど、ほかの放送に比べて実際の日本語使用をつよく意識しています。これはテキストの編纂が良くも悪くも現地の事情を顧みることなく、内地で行われたことの反映だと思われます。この放送が行われた時点で、学校教育での仮名遣いは、「歴史的仮名遣い」に統一されていますが、実際の使用状況はといえば、朝鮮半島では表音式かなづかいが朝鮮総督府の発行する資料に残っているなど、日本語の表記法が統一されていたとは言い難い状況です。

発音への意識は、内地の第一期国定読本「イエスシ」本にすでに見られますが、内地の教科書を扱った『国定読本発音辞典』（一九〇四年、同文館、上田万年序、高橋龍雄著）や朝鮮の教科書を扱った『新国語読本教授書　巻三』（一九二四年、日韓書房、塩飽訓治ほか）、内地の教科書を扱った『国民学校アクセント教本』（一九四一年、国語文化研究所、三宅武郎・輿水実共著）など、学校教育の現場では、アクセントが強く意識されていたことがわかります。これは、その後、レコードの登場やラジオの登場により、実際に「標準語」の音声を聞ける環境になったために、さらに強まったと言えるのではないでしょうか。

＊朝鮮総督府発行の資料
『国語の本』（一九四四年、朝鮮総督府発行）「オーキイ　チーサイ　イー」（一二頁）というカタカナと棒引き長音、「ちょーど　じこくですから　はじめましょー」（六三頁）というひらがなと棒引き長音が用いられています。

2　マレー半島の場合……『日本語講座』

発行年　不明
発行者　昭南中央放送局
印刷所　馬来軍政監部印刷局、定価三〇銭

①資料の解説

「昭南」は、一九四二年に日本がシンガポールを占領したのちに命名したものであることから、このテキストの発行年は一九四二年以降と思われます。

②テキストの内容

表2のとおり、全五五課の文法項目からなっています（使用されている例文については巻末・八四頁の資料2に一つ抜粋して掲載しました）。

写真2　『日本語講座』表紙
コピー入手の経緯が複雑で複数の方の手を経ています。原本の確認ができていません。マラヤ大学所蔵と推定されます。

表2　『日本語講座』テキストの内容

課	文法項目
1	てはいけません
2	ないでください
3	ないようになさい
4	ないようにしてください
5	なさらないでください
6	しないでください
7	ないようにしてください
8	なければなりません
9	ですか
10	でしょうか
11	です
12	のですか
13	があります
14	がいます
15	でいます
16	にちがいありません
17	かもしれません
18	ではありません
19	くありません

課	文法項目
20	のではありません
21	ていません
22	でした
23	かったです
24	たのです
25	ていました
26	てしまいました
27	だろうと思います
28	になりませんか
29	ましょう
30	つもりです
31	せてください
32	れました
33	もし
34	なら
35	行けば
36	できれば
37	よければ
38	ふくと

課	文法項目
39	なると
40	大きいと
41	ときには
42	ときにも
43	よくて
44	はやくて
45	行きますから
46	暑いから
47	ですから
48	ですから
49	ので
50	からです
51	から
52	ことがありません
53	こともあります
54	のようです
55	ように

③テキストから汲み取れること

文法的にやさしいものから難しいものへという配列ではありません。例えば、第一課「てはいけません」の本文をすべて挙げてみます。

一、学校の授業中に、太郎さんが外を見ています。
二、先生が「太郎さん、外を見てはいけません」と、おっしゃいました。
三、太郎さんが、廊下を走っています。
四、先生が「廊下を走ってはいけません」と、おっしゃいました。

第一一課「です」の本文は次の通りです。

一、「あなたは、どなたですか」
二、「私は、山田です」
三、「山田さんの事務所は、日曜日も仕事がありますか」
四、「いいえ、日曜日は、お休みです」

いかがでしょうか。単純に、第一一課で学ぶ「〜です」の構文のほうが易しいものではありませんか？　では、どうしてこのような配置になっているのでしょうか。再度「シラバス」の解説を思い出してみてください。

*ＴＰＲ
Total Physical Response：全身反応法。

これは、文型による整理ではありますが、その文型で何ができるのかという機能に注目した機能シラバスでの教材作成（一四頁参照）とみられます。第一課は「禁止」、第二課は「禁止の依頼」といった機能です。

では、いわゆる機能シラバスで編纂したとして、なぜ「禁止」から始まり、第一一課に入ってようやく単純な叙述文になるのでしょうか。このラジオ講座が放送された地域が日本の占領地であったということを考えると、すこし興味深い解釈ができます。

今日の私たちは、言葉は受信と発信が一体となっている、と何の疑いもなく考えますが、このテキストを見る限り、この講座では発信ではなく受信を重要視したのではないでしょうか。つまり自分の意見を言う能力ではなく、他人の言葉――「命令」や「禁止」――を聞き取る能力をつけるということだったのかもしれません。

一つだけ、検討しなければならないことがあります。それは、今日の教授法の一つであるＴＰＲ*の応用を考えたのではないか、という点です。ＴＰＲは教師の命令に反応して実際に行動をするという教授方法です。教室内の「立ってください」「座ってください」というレベルのものから、「鞄の中のペンを取り出して隣の人に渡してくださ い」というものや、「ドアを開けてお風呂に入ってからキッチンで冷蔵庫を開けてください」のようなものまであります。命令や禁止は、英語などでは非常に単純な形です。日本語教育にそれを応用したのではないか、という可能性は否定できませんが、七課までが禁止に関連する表現で、聞いた人間が何かをするのではなく、何もしないことを求めているという点で、やはり、命令や禁止の言葉を聞いて理解できることに重点が置かれたと解釈するべきでしょう。つまり、日本語教育を基礎から始め、日本語を駆使できる人材を養成するのではなく、在留している日本人や、日本軍人の指示について、聞いてわかる人材を急いで要請することを目的にしていたと考えることができるのです。

3　インドネシアの場合……「NICHI-DJO NIPPONGO RADJIO KOZA」

発行年　不明
編纂者か？　Mrs. T. SATO
出版社、価格、ともに不明

①資料の解説

この資料の詳細はよくわかっていません。裏表紙に、「BARISAN PROPAGANDA宣」というロゴが入っていますので、スマトラ島のバリサン地域でプロパガンダ活動**（宣撫活動）に当たっていた組織の制作したものと類推されます。また、ジャワ軍政監部という言葉も付されています。表紙に見られる「Mrs. T. SATO」の詳細もわかりませんが、第四巻まで、この名前が見られます。

②テキストの内容

語彙と会話が掲載されています。左、中央、右、の三列に分けられ、左は訓令式でもヘボン式でもない独自のローマ字表記の日本語、中央がスンダ語***、右はオランダ語で対訳が示されています。

**プロパガンダ活動
特定の思想によって個人や集団に影響を与え、その行動を意図した方向へ仕向けようとする宣伝活動のこと。

***スンダ語
インドネシアのジャワ島西部で話されている言語。

表3 『NICHI-DJO NIPPONGO RADJIO KOZA』テキストの内容

第一巻

課	文型、話題
1	数
2	こそあど、存在文、Nです
3	時間、時計の読み方、Vています（状態）
4	Nがいます、あります、おります、はい、いいえ
5	人称詞、NはNです、Nの（所有）
6	上下脇中真ん中間外、Nの～にあります、Vてください
7	右左前後ろ側、
8	道案内、Vと
9	どこ、いつ、なに、なぜ、Nでしょうか、Vて、Adjくなります
10	いくら、Sが、Vないでください、通貨（銭）
11	い形容詞、可能形
12	基本動詞、Vてください、Adjになります

第二巻

課	文型、話題
1	数、曜日、期間、月
2	色、衣服、Adj+N
3	い形容詞、買い物の会話、自己紹介の会話
4	家族呼称、家族紹介の会話
5	家族に関する会話
6	寒暖に関する会話
7	挨拶、慣用表現
8	訪問の会話（主人と客）
9	～から（理由）、形容詞の副詞用法

第三巻（欠け）

第四巻

課	文型、話題
1	「が」と「は」の利用規則
2	「の」の利用規則
3	「に」「へ」と「で」の利用規則
4	「を」の利用規則
5	「も」の利用規則
6	「か」の利用規則
7	「と」「や」「だの」「と「し」の利用規則
8	「より」「から」の利用規則
9	「まで」の利用規則
10	「さえ」「すら」「だに」の利用規則
11	「ばかり」「だけ」「ほど」と「くらい」の利用規則
12	「のに」の利用規則

各課の文型や話題は表3のとおりです。「N」は名詞、「V」は動詞、「Adj」は形容詞を指します。巻末六一頁の資料3には、ローマ字表記を現代仮名遣いに改めた語彙や例文を書き出しましたので参照してください。

③テキストから汲み取れること

第四巻は、日本語のローマ字表記とスンダ語の対訳表記です。

第一巻から第二巻まで、動詞はすべて終止形（辞書形：洗う、食べる、行く、など）で提示されていますが、会話や例文では、多様な形で示されています。一方でその活用や接続の説明が全くありません。ラジオ放送の中でその解説があった可能性もありますが、テキストだけでは、かなり学習が難しかったのではないでしょうか。それでも、身の回りのものを取り上げ、基本語彙から始まっているという点は語学教材として順当な配列だと思われます。

筆者の手元の資料では第三巻が欠けているのですが、第四巻はそこまでに学んだ助詞の整理がしてある、という形になっています。つまり、様々な文の中で、その時々に学んできた「は」や「を」といった助詞などの使い方について、文法シラバスに類似した方法で整理をし直していると考えられます。

初級から中級への橋渡しとなる位置づけにあるテキストであり、講座であると言えます。かなりのレベル差に対応していると考えられます。

4　華北占領地*の場合……『初級日語廣播教授課本』

民国二六年一一月八日発行
編纂者　華北廣播無線電台（天津佛國租界二六号路二七号）
総発行所　天津庸報社、定価五仙《ママ》

①資料の解説

本資料（写真3）は、奥付から判断すると、天津のフランス租界**にあった華北廣播無線電台で放送していたと思われる講座のテキストです。

②テキストの内容

テキストの構成は、第一課から六〇課までで、課と文型、話題を現代仮名遣いに改め、表4、表5にまとめました。「N」は名詞、「V」は動詞、「Adj」は形容詞を指します。テキストでは、それぞれの課が上・中・下の三段に掲載されています（表5参照）。最上段に日本語の例文が漢字カタカナ交じり文、振り仮名つきで書かれています。中段は、日本語の発音に合うように漢字が当てられています。下段は、中国語の意味です。

③テキストから汲み取れること

このテキストは、前半は文法中心の学習で、例文が並んでいるという構造ですが、後半は、一連の会話の流れを見せるようになっています。ただし、表4の五八課や、表5の六〇課のように、一文一文に間違いはなくとも、会話全体としてみると、非常に不

写真3　『初級日語廣播教授課本』表紙
天理大学日本語教員養成課程研究室所蔵を借覧。その際、同研究室主任（当時）の前田均先生の御助力を賜りました。

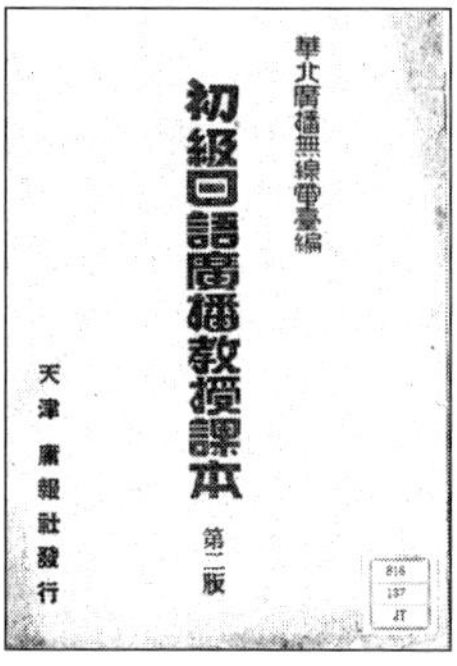

＊華北占領地
日中戦争では民国二六（一九三七）年から民国三四（一九四五）年まで、イタリア租界を除き汪兆銘政権と日本軍により統治されました。

＊＊租界
中国の開港都市において外国人が治外法権と施政権を掌握していた居留地。

表4 『初級日語廣播教授課本』より

課	文型、話題など	課	文型、話題など
1	数、自称、対称	31	春のあいさつ、Adj になりました、V に行きます
2	数、これ／それ／あれは N です	32	夏のあいさつ
3	数、何ですか	33	秋のあいさつ
4	数、誰のですか、(人) のです	34	冬のあいさつ
5	はい、いいえ	35	「何」を使った質問と応答
6	挨拶	36	時間や日付の質問と応答
7	形容詞、あります、ありません	37	日本語学習に関する質問と応答
8	(所有) の、連体詞	38	買い物の会話
9	V ますか、V ました、V ましたか	39	買い物の会話
10	どこ、ここ、そこ、V ません、V なさい	40	旧交を温める挨拶
11	どちら、(場所) から、(場所) へ、移動動詞、いかがですか	41	電報依頼の会話
12	どなた、N でございます	42	郵便局の場所を訪ね、郵便局での切手購入、書留依頼の会話
13	い形容詞	43	病院の会話、お腹がいたむ、熱がある、咳がでる
14	います	44	宿の会話
15	あげます、ください	45	のです
16	来ます、行きます、V つもりです、V ましょう、V ますか、V ません	46	散歩に誘う会話
17	あります、N が V (自動詞)	47	自己紹介と年齢を尋ねる会話
18	な形容詞	48	朝の生活
19	家族呼称	49	探し物の会話
20	V てください、V てはいけません	50	入浴の会話、Adj すぎます
21	V ましょう、いらっしゃいます	51	月見の会話
22	V ています (状態)	52	雪見の会話
23	(場所) へ、(場所) から、(場所) まで	53	日本語学習についての会話
24	～すぎます、まだ～	54	船酔いの会話
25	なぜ、副詞	55	タクシーを利用する会話
26	見せてください、ご覧ください	56	時計修理の会話
27	基本動詞 (他動詞)、食事	57	旅行目的を尋ねる会話
28	形容詞、N になります、Adj くなります	58	雑談 ・これはどうしてこしらえるのですか ・私は知りません ・この酒はどうですか ・大変良いです ・あなたの時計は今何時ですか ・私は時計を持っていません ・正午になりました
29	V ています (進行)、だれ、どこ、いくら	59	食堂へ誘う会話
30	V てはいけません、きっと、いくつ (年齢)、何と言いますか	60	山での散歩の会話

表5 『初級日語廣播教授課本』より

第一課		
一二三四五	伊欺、泥、傘、西、够	一、二、三、四、五
ワタクシ	哇他哭西、	我、
アナタ	啊那他、	你、
アノカタ	啊撓卡他	他、
ワタクシタチ	哇他哭西他欺	我們
アナタタチ	啊那他他欺	你們
アノカタタチ	啊撓卡他他欺	他們
第六〇課		
寒暖計ハ何度デスカ	卡哼答哼茄伊哇、那哼賓爹司卡	寒暑表到幾度呢
零下八度デス	列伊卡、哈欺賓爹司	零下八度了、
山へ遊ビニ往キマショウ	呀媽噎、啊瘦逼泥、伊記媽校烏	上山去玩児吧、
オトモイタシマショウ	欧投毛伊他西媽校烏	奉陪吧、
此頃ハ非常ニ寒クナリマシタ	扣撓够牢哇、席教—泥、撒母哭那利媽西他	這幾天非常的冷、
毎日何時ニ起キマスカ	媽伊泥欺、那哼基泥、欧記媽司卡	毎天幾点鐘起来、
大概五時ニ起キマス	他伊嘎伊够嘎雞泥、欧記媽司	大概五点鐘起来

可解なものが多いように感じます。談話レベルの分析の必要性がまだ理解されていないのかもしれません。とはいえ、このラジオテキストは、前半が文法シラバス、後半は話題シラバスによるものと言えます。つまり、日本語を基礎から学んでいくことを前提としつつ、日本人と実際に話すときの話題や話の進め方ということにも注目したテキストであると言えるでしょう。また、ラジオを持たない人のために、似た発音になるように漢字を振り仮名のようにあてているのも、より広い階層に日本語を学ばせようとした意図が垣間見えます。先に挙げた、南方のテキストも、ラジオを持たない人

のための配慮がありましたが、あちらは現地の通訳をつけることを原則とし、こちらは、それを求めていないということも、双方の現地事情の異なりの反映と考えられます。

5　朝鮮の場合……『初等国語講座』1

朝鮮放送協会

昭和一八年二月一〇日～一〇月一日

『毎日新報』掲載「今夜の放送国語」「今日の放送国語」

①資料の解説

一九二七年に朝鮮放送協会（ＪＯＤＫ）によるラジオ放送が開始され、「国語」講座は、新聞のラジオ放送欄を確認したところ、一九四三年に放送が始まっているようでした。ところが、そこで使用されたテキストがなかなかみつかりません。そこで、当時の新聞紙面をつぶさに確認したところ、途中からで、なおかつ、その日の紙面の空き具合によってでしょう、掲載内容も不統一ですが、テキスト代わりに、ということで掲載されている「今夜の放送国語（のちに「今日の放送国語」）」欄を見つけました。ここでは、それについて紹介したいと思います。会話例を掲載している場合もありますが、その多くが新出語彙の紹介です。新出語彙から、どのような話題が取り上げられたのかを検討していくことにします。本文が掲載されているのはわずか一回ですので、全体としては一覧表でお見せします（表6）。

表6　『初等国語講座』1　「今夜の放送国語（のちに「今日の放送国語」）」欄

課	月日・曜日	新出語彙抜粋	話題
22	2月10日（水）	四方、西、北、東、南	方位
23	2月12日（金）	＊会話文掲載	月と四季
24	2月15日（金）ママ	＊会話文掲載	日にち
25	2月17日（水）	曜日、銀行、魚釣り	一週間の予定
32	2月19日（金）	冬、以上、鏡、氷滑り、季節	冬の遊び
33	2月22日（月）	挨拶、冷水摩擦、新体制	健康法
34	2月24日（水）	病気、昨日、頭痛、鼻汁	病気と治療
35	2月26日（金）	かれこれ、昼、夜なべ、職場	職場
36	3月1日（月）	職人、熱心、年功、おそらく	職業
37	3月2日（水）ママ	電車、込み合って、大抵	交通手段
38	3月8日（月）	床屋、ひげ、紙、料金	理容
39	3月10日（水）	ふろ、ぬるい、背中	入浴
40	3月12日（金）	手紙、硯、筆、墨、便せん	手紙
41	3月15日（水）	郵便局、郵便箱、やはり	郵便制度
42	3月19日（金）	市日、買う人、石首魚、鍋	市場
43	3月22日（月）	シャツ、よい品、靴下、一足	市場
	3月24日（水）	同上	
	3月26日（金）	同上	
44	3月26日（金）	動物園、猿、猛獣、象、虎	動物園
	3月29日（月）	同上	
	3月31日（水）	同上	

②テキストの内容

テキストの名前は、『初等国語講座教本』です。

二月一七日及び一九日文掲載の記事に、「ここに載せるのは、夜の国語放送に出てくる「新しい言葉」です。国語教本をお持ちでない方はこれを使って勉強してください」（原文カタカナ表音表記）とあります。

そして、四月から、新しく仕切りなおされたように思われます。課の提示や、テキスト名の提示がなくなり、「〇月〇日の会話」として語彙や慣用表現が掲載されています。放送プログラムが変わったという可能性も否定はできません（表7）。

③テキストから汲み取れること

前半に掲載したものも、後半に掲載したものも、基本的には、何かの統一された話題に関する語彙を新出語彙として提示していることから、この講座は、「話題シラバス」に基づいていたと想像できます。その一つの証拠として、二月一五日（金曜日）「第二十四課」は本文も掲載されているので、それを引用します。現代仮名遣いに改めています。

日にち

△ひと月は何日ですか。

▲小の月は三〇日です。

△かぞえてごらんなさい

6月28日（月）	夏、暑い、日傘、単衣、うちわ	夏の生活
6月30日（水）	今月のおさらい	＊復習
7月2日（金）	色、赤い、白い、黒い、青い	色
7月5日（月）	硯、墨、筆、紙、習字	筆記具
7月7日（水）	七夕、星祭、織女星、牽牛星	七夕
7月9日（金）	勉強、予習、復習、読む、書く	学習
6月12日（月）ママ	決して、必ず、どうしても	副詞
7月14日（水）	たちまち、ようやく、なかなか	副詞
7月16日（金）	する、される、させる、	授受表現
7月19日（月）	作物、稲、麦、穂、きゅうり	農作物
7月21日（水）	海、波、沖、岸、港、砂浜	海
7月23日（金）	湖、池、川、泳ぐ、こぐ	湖
7月26日（月）	仕事、働く、手伝う、縫物	家事
7月28日（水）	鍬、鋤、釜、掘る、耕す、刈る	農作業
7月30日（金）	今月のおさらい	＊復習
8月2日（月）	人、男、女、大人、子供	人
8月4日（水）	体、頭、顔、手、足、背中、お腹	身体
8月6日（金）	朝、昼、夜、明ける、暮れる	一日の生活
8月9日（月）	乗り物、自転車、自動車、電車	乗り物
8月11日（水）	行く、来る、帰る、遠い、近い	移動動詞
8月13日（金）	歩く、走る、通る、早い、遅い	移動動詞
8月16日（月）	部屋、戸、障子、天井、床	家の構造
8月18日（水）	机、椅子、箪笥、棚、鏡台	家具
8月20日（金）	家畜、牛、馬、鶏、豚	家畜
8月23日（月）	見舞い、病気、かかる、治る	病気
8月25日（水）	訪ねる、ごめんください	訪問
8月27日（金）	尋ねる、道、まっすぐ、曲がる	道案内
9月1日（水）	言う、おっしゃる、聞く、伺う	敬語
9月3日（金）	行く、来る、いる、いらっしゃる	敬語
9月6日（月）	光、明るい、暗い、あたたかい	形容詞
9月8日（水）	おこない、行儀、親切、正直	形容詞
9月10日（金）	高い、低い、広い、狭い、重い	形容詞
9月13日（月）	おととい、昨日、今日、明日	日にち
9月17日（金）	どこへ、どこから、どこに	疑問詞
9月20日（月）	航空日、空、飛ぶ、飛行機	航空日
10月1日（金）	食べる、飲む、いただく	食事

表7　4月からの『初等国語講座』1「今夜の放送国語（のちに「今日の放送国語」)」欄

日にち	新出語彙抜粋	話題
4月7日（水）	いただきます、ごちそうさま	食事とあいさつ
4月9日（金）	ごめんください、いらっしゃい	訪問とあいさつ
4月12日（月）	いってまいります、ただいま	通勤通学
4月14日（水）	乗る、降りる、停留場、車掌	電車
4月16日（木）	いくらですか、ありますか	買い物
4月19日（月）	水槽、火たたき、防空ごう	防空防災
4月21日（水）	春風が吹く、花が咲く、美しい	春の風景
4月23日（木）	野原、山、歩く、遠足、摘み草	遠足
4月26日（月）	畑、耕す、種、蒔く、苗、植える	畑作
4月28日（水）	天長節、おめでとう、国旗	天長節
4月30日（金）	今月のおさらい、あいさつ	＊復習
5月3日（月）	数、数える、いくつ、倍、半分	数
5月5日（水）	時計、時間、午前、午後、	時間
5月7日（金）	暦、一年、一週間、ついたち	暦
5月10日（月）	これ、それ、あれ、ここ、そこ	指示詞
5月12日（水）	どれ、どこ、どちら、どなた、誰	疑問詞
5月14日（金）	わたくし、あなた、僕、君、お前	人称詞
5月17日（月）	裁縫、縫う、断つ、ハサミ、物差	裁縫
5月19日（水）	料理、炊く、煮る、焼く、釜、鍋	料理
5月21日（金）	掃除、はく、拭く、ほうき、はたき	掃除
5月24日（月）	洗濯、洗う、すすぐ、干す、乾く	洗濯
5月26日（水）	海軍記念日、軍艦、飛行機	海軍記念日
5月28日（金）	着物、足袋、上着、下着、帽子	衣服
5月31日（月）	今月のおさらい	＊復習
6月2日（水）	方角、四方、東、西、南、北	方角
6月4日（金）	空、日、月、星、雲、日の出	天象
6月7日（月）	家族、親、父、母、兄弟、姉、妹	家族
6月9日（水）	親戚、叔父、叔母、先生、	人間関係
6月11日（金）	育てる、行儀、習う、言葉遣い	教育
6月14日（月）	郵便局、郵便箱、手紙、はがき	郵便制度
6月16日（水）	電報、小包、為替、書留	郵便制度
6月18日（金）	税を納める、貯金、国際、節約	納税制度
6月21日（月）	ありがとう、おそれいります	挨拶（貸借）
6月23日（水）	ます、ましょう、ました、ません	文末の四型
6月25日（金）	なさい、してください	依頼表現

▲ついたち、ふつか、みっか、よっか、いつか、むいか、なのか、よおか、ここのか、とおか、じゅういちにち、じゅうよっか、はつか、にじゅういちにち、にじゅうよっか、みそか
△大の月は何日ですか。
▲大の月は三十一日です。
△二月も三十日までありますか
▲いいえ、ちがいます
△二月は何日ですか
▲二月は二十八日しかありません
△うるう年はどうなりますか
▲うるう年は二月が二十九日になります

特に何かの新しい文法項目が提出されるのではなく、日にちについての会話が展開していきます。おそらく、同じように残りの課でも、新出語彙を使った会話例が示されていたと思われます。

例外として注意したいのは、後半の部分に示した「指示詞、疑問詞、敬語、副詞、形容詞」などといった文法的な用語で示した課です。新出語彙が統一的な話題に触れておらず、品詞や語の役割で統一されているため、この課では文法的な指導がされていたのではないかと推測されます。

話題シラバスと場面シラバスの採用は、植民地に特有のようです。といいますのも、

現地で日本語は「国語」という扱いであり、日常生活を「国語化」する政策*もとられていました。そこでは、日本人と何を話すのかという視点での「話題シラバス」による語彙や表現が提供される必要があったでしょうし、「場面シラバス」によるどのような場面でどのように話すのか、といったことも提供される必要があったでしょう。単に単語を知っている、文型を知っているではどうしようもないということが当時からわかっていたのではないでしょうか。

朝鮮は日本の植民地であった地域です。初等教育機関であった普通学校への就学率**もそれほど高いわけではなく、この放送が誰を対象にしていたのか、これまでもずいぶん検討してきました。

ラジオそのものが高価であったこと、受信料を納付しなければならなかったこと、それに加え、ラジオを購入し受信料を払うということが可能な経済力がある人たちはすでに扱われているレベルの日本語学習は終えている可能性が高く、ラジオ講座で学ぶ必要はなかったと考えられるためです。郵便局や病院、公民館といった公共施設でラジオは放送されていたという記録もありますが、ラジオを購入し、ラジオの受信料を納付することができ、テキストを購入できる程度の経済的余裕があり、初等教育機関に通っていない人たちが対象であったという以上に、この番組のターゲットとなった人は明確にわかっていません。ですが、放送内容を詳細に見ていくと、防空防災、納税制度、教育制度、郵便制度等に触れており、日本の統治下における社会生活についての啓蒙的な要素もあると思われます。こういった社会制度や、新しい文化などについて取り上げるというのは、実は、学校教育における「国語読本」にもよく見られるものです。

*日常生活を「国語化」する政策
「国語常用の家」制度など。

**普通学校への就学率
『日帝時代普通学校体制의形成』（一九九六年、ソウル大学大学院教育学博士学位論文、古川宣子）に掲載されている表17によると、普通学校の男子就学状況は、一九三〇年に二四・二%、一九三五年三〇・〇%、一九四〇年五二・五%、一九四三年六一・一%となっており、確実に伸びてはいるものの義務教育ではなかったということを示す就学率となっている。女子はさらに低かったといわれています。

写真4　『初等国語教本』表紙
（玉川大学教育博物館所蔵）

6　朝鮮の場合……『初等国語講座』2

朝鮮放送協会
昭和一八年一二月三一日発行
編纂兼発行者　朝鮮放送協会
発行所　朝鮮放送出版協会、定価四〇銭

①資料の解説

このテキストは、先に挙げた「初等国語講座」の同じ年の年末に発行されたテキストです。番組名も同じですので、同じ講座の新しいバージョンでしょう。

②テキストの内容

表8に、課、タイトル、新出語彙の抜粋をまとめました。文型と例文については、巻末五八頁の資料4を参照してください。例文については、語彙の導入から始まっている課もありますので、文になっているものを冒頭から二文掲載しています。「N」は名詞、「V」は動詞、「Adj」は形容詞を指します。

③テキストから汲み取れること

お気づきのように、先に取り上げたラジオ講座（新聞紙面）のものと比較すると、同じ年に発行されたものでありながら、その内容が大きく異なることがわかります。こ

表8 『初等国語講座』2　テキストの内容

課	タイトル	新出語彙
1	日本	日本、万歳、国旗、国歌
2	天皇陛下	天皇陛下、勅語、宮城
3	神様	神様、神社、鳥居、拝む
4	国民	国民、男、女、大人、子供
5	家族	家族、家、父、母、祖父
6	村	村、面、町、学校、駐在所
7	愛国班	愛国班、班長、常会
8	大東亜戦争	軍隊、陸軍、海軍、兵器
9	軍人	朝鮮、徴兵制、施く
10	防空	訓練警戒警報、防空
11	防諜	壁、耳、障子、目、間諜
12	体	身体、強い、鍛える（身体の部位）
13	健康	衛生、丈夫、飲み物
14	住まい	部屋、屋根、藁葺、窓
15	家具	机、字、書く、椅子
16	着物	揃える、国民服、上着
17	裁縫	裁縫、仕事、縫う、針
18	洗濯	今日、天気、洗濯、石鹸
19	食事	ご飯、呼ぶ、朝飯、頂く
20	台所	台所、釜、炊く
21	買い物	匁、銭、大根、貫
22	見送り	一緒、見送り、汽車
23	挨拶	おはようございます
24	道を尋ねる	一寸、番地、辺、申す
25	訪問	待つ、たいそう、長い、間
26	手紙	拝啓、桜、手紙、開拓村
27	郵便	便せん、書く、封筒
28	為替	金、世話、費用、為替
29	電話	電話、先日、構う、昨日
30	天気	空、晴れる、雲、風
31	農業	農業、種もみ、苗代
32	工場	火花、次、兵器、額
33	増産	削岩機、岩、えぐる
34	貯蓄	貯蓄、品物、負ける
35	納税	栄える、努める、義務

ちらでは、話題がはっきり明示されつつも、文法的な配慮もなされ、やさしいものから難しいものへと配列されています。話題がはっきりしていることから、話題シラバスというとらえ方もできますし、文法的な配慮もなされていることから、構造シラバスというとらえ方も可能です。

朝鮮のこの二種類のテキストを見ると、この一年の間に、放送内容に大きな変化があったということがわかります。一九四四年四月から徴兵検査が始まることを受けて、一種の社会教育としての日本語教育にテコ入れがあった、ととらえることもできるでしょう。

昭和一八年という時期に編纂されたこのテキストは、当時、追い込まれつつあった日本の状況が非常に強く反映した、プロパガンダとアジテーション*に満ちていると言っていいのではないでしょうか。表8で示した第一課から第一〇課まで、とても汎用性があるとは思えない話題が取り上げられています。第一一課「防諜《ぼうちょう》」の例文を見ると、国策映画「武器なき敵」**と内容が酷似しています。その内容にかかわらず、文型はやさしいものから難しいものへ、という配列を崩さない構造シラバスを意識した構成になっており、編集を担当した日本語教育関係者の矜持を見る思いです。第一二課から第三〇課までは、日常生活が描かれます。一七課「裁縫」のように、「女の大切な仕事」という、今では到底受け入れられないような価値観が当然のように書かれているところに時代を感じます。

第三一課からは、必ず、戦争に触れる一文が入ってきます。現代仮名遣いに直して具体的に示します。

*アジテーション
強い調子の文章や演説などで人々の気持ちをあおること。扇動。

**国策映画「武器なき敵」
一九四〇（昭和一五）年、理研化学映画株式会社制作。紙屑一つ棄てるのにも配慮を求めるその内容は、今日では滑稽でしかありませんが、当時、広く認識されていた行動だったのでしょう。

第三一課には、「戦争を勝ち抜くために、できるだけたくさん米を供出するようにしましょう」とあり、第三二課には、「次から次へと兵器ができていきます」、第三三課には、「大東亜戦争を勝ち抜くためには、軍艦や戦車や飛行機などの兵器を、一つでも多く作って、前線に送らなければなりません。（中略）工場でも、夜昼休みなく兵器を作っています。国民の全部が持ち場持ち場で増産に努めましょう。職場も戦場です。」とあり、第三四課は「いくら品物があり、お金があっても、戦争に負けたら何にもなりません」、そして「私たちが買う一枚の債券も、一円の貯金も、みな敵米英を打ち滅ぼす弾や飛行機を作る費用」とあります。第三五課には、「戦争に勝って国を守るには、強い軍人と優れた兵器とが必要です。（中略）納税は国民の大切な務めです。期日に遅れないように納めましょう。」と書かれています。

文法項目を見ても、「〜なくてはなりません」、「〜ましょう」、「〜のです」という意見の押しつけがかなりの頻度で見られるようになってきます。すでに、この講座は国語（日本語）を学ぶ場ではなく、戦争遂行のためのプロパガンダ放送になってしまっています。新しく学ぶ文型などはほとんどなく、時局がらみの語彙は山のように提示されるという番組に変わっていきます。

この教本の編集にかかわった日本語教育関係者のつらい思いが見えてきます。

四　誰のニーズに応えたのか――おわりに

戦前戦中の日本語教育、それもラジオを利用した放送講座のテキストの比較はいかがだったでしょうか。

私たちが単純に、学校の歴史の中で、「戦前、戦中と日本は植民地とした地域や、占領した地域で日本語教育を行っていた」という一文で想像していたことよりも、ずいぶんいろいろな見方ができるということがお分かりいただけたのではないでしょうか。この比較を通して、私たちの先人が、「日本語を教える」ということについて、どう向き合っていたのか、日本語を学ぶ人たちの「ニーズ」をどうとらえていたのか、また、日本語を教える側が何をどう教えようと考えていたのかが、見えてきたのではないかと思います。

日本の植民地や占領地では、日本語普及が喫緊の課題とされていました。対面式の授業だけでなく、日本人が入り込めないような地域でも日本語を教えようとした熱意は、このラジオ講座の存在が示していると思います。

1　テキストと地域の特性

五種類のテキストを、その放送が行われた地域の特性から見比べてみましょう。シラバスと地域とを表にまとめました（表9）。

「分類1」は、テキストが作られたのが内地であったのか、現地であったのか、という指標です。現地のニーズを現地で考えたのか、現地から離れた内地で考えたのかということから示しました。「分類2」は、放送された地域の属性と何を目的にしたのかということです。

表9　地域ごとのシラバス構造

	南方	マレー半島	インドネシア	華北	朝鮮	北米
構造	○	-	-	○	○	○
文法	○	-	○	○	○	○
話題	-	-	○	○	○	-
機能	-	○	-	-	-	-
場面	○	-	-	-	○	-
技能	-	-	-	-	-	-
概念	-	-	-	-	-	-
課題	-	-	-	-	-	-
分類1	内地	現地	現地	現地	現地	内地
分類2	占領地	占領地	占領地	占領地	植民地	外国
	実用	実用	教養	教養	国語	教養

「技能シラバス」、「概念シラバス」、「課題シラバス」に依拠している教材がないということは、基本的に、どの講座も初級のレベルにとどまっていたと判断することができます。いずれも、それらを支える文法的な知識や語彙力がない限り、難しいためです。日本語を体系的に学ぶことが重要であったのは、教養として学んだ地域と「国語」として必要な植民地でした。そこでは、構造シラバス、文法シラバスといった網羅的な学習が求められたようです。

日本人と日常的に話をする可能性がある地域では、「話題シラバス」が見えます。南方のテキストのように現地以外で作成されたものや、マレー半島のように目的が最初から別にある地域では、話題シラバスを採用して日本人とのコミュニケーションについて考える必要がなかったからかもしれません。

少し踏み込んで考えていきましょう。

ラジオ講座の制作にあたっては、遠く離れたところで想像された現地学習者のニーズへの対応であったり、現地で考えられたニーズへの対応であったり、様相は様々ですが、教える側のニーズが優先されていたといえます。

機能シラバスの採用されたマレー半島では、日本語という言語を包括的に学ぶ必要性を感じなかったのでしょう、日本人の指示に従うことを前提に、聞いてわかる訓練からスタートしているようです。学習者に日本語を話すことなく、聞いて行動することを求めているのは、前述しましたが、今日でも直接法の授業でよく使われるTPR（Total Physical Response）といった教授方法と基本的な考え方は同じではないかと思います。

植民地朝鮮の講座を見ると、構造シラバス、文法シラバス、話題シラバス、場面シ

表10　CEFR（ヨーロッパ言語共通参照枠）

段階	CEFR	能力レベル別に「何ができるか」を示した熟達度一覧
熟達した言語使用者	C2	聞いたり読んだりした、ほぼ全てのものを容易に理解することができる。いろいろな話し言葉や書き言葉から得た情報をまとめ、根拠も論点も一貫した方法で再構築できる。自然に、流暢かつ正確に自己表現ができる。
	C1	いろいろな種類の高度な内容のかなり長い文章を理解して、含意を把握できる。言葉を探しているという印象を与えずに、流暢に、また自然に自己表現ができる。社会生活を営むため、また学問上や職業上の目的で、言葉を柔軟かつ効果的に用いることができる。複雑な話題について明確で、しっかりとした構成の詳細な文章を作ることができる。
自立した言語使用者	B2	自分の専門分野の技術的な議論も含めて、抽象的な話題でも具体的な話題でも、複雑な文章の主要な内容を理解できる。母語話者とはお互いに緊張しないで普通にやり取りができるくらい流暢かつ自然である。幅広い話題について、明確で詳細な文章を作ることができる。
	B1	仕事、学校、娯楽などで普段出会うような身近な話題について、標準的な話し方であれば、主要な点を理解できる。その言葉が話されている地域にいるときに起こりそうな、たいていの事態に対処することができる。身近な話題や個人的に関心のある話題について、筋の通った簡単な文章を作ることができる。
基礎段階の言語使用者	A2	ごく基本的な個人情報や家族情報、買い物、地元の地理、仕事など、直接的関係がある領域に関しては、文やよく使われる表現が理解できる。簡単で日常的な範囲なら、身近で日常の事柄について、単純で直接的な情報交換に応じることができる。
	A1	具体的な欲求を満足させるための、よく使われる日常的表現と基本的な言い回しは理解し、用いることができる。自分や他人を紹介することができ、住んでいるところや、誰と知り合いであるか、持ち物などの個人的情報について、質問をしたり、答えたりすることができる。もし、相手がゆっくり、はっきりと話して、助けが得られるならば、簡単なやり取りをすることができる。

出典：「ブリティッシュ・カウンシルの英語教育・英語4技能試験について」（www.britishcouncil.jp）

ラバスが取られています。

昨今、日本語教育だけでなく、外国語教育では「CEFR（Common European Framework of Reference for Languages）」という言葉がよく取り上げられます。これは、単語をいくつ知っているのか、文型をいくつ知っているのかという評価ではなく、「学習者が、今、何ができるのか」という視点で日本語力を評価するものです（表10）。

植民地であった朝鮮におけるラジオ講座が、話題シラバスと場面シラバスによるテキストであったことは、すでに当時から、語彙と文型だけ教えても解決しないことが多いという認識があったからではないかと思います。重要なことは、今知っている語彙と文型で、地域に暮らす日本人と話をすることだったはずです。それは、出てくる話題に合わせた語彙の使用、話をする場面での適切な表現の選択などだったと思われます。今日の外国語教育で言われるCEFRが求めていることと何ら違いはありません。そういった視点で戦前のラジオ講座を見ていくと、皆さん自身の外国語学習が新しく拓けてくるかもしれません。言葉だけでなく、その言語が使用されている社会についての理解も、言語能力に含まれるのです。そういう意味では、話題シラバスは非常に効果的だったのではないでしょうか。

2　使命に燃える日本語教員

また、構造シラバスや文法シラバスの採用は、日本語という言語を包括的に学ばせようという意志が強く働いていたものと思われます。こんなことを考えつつ、筆をおこうとしていますが、当時、植民地では現地の言葉の使用を制限しつつ、日本語の普及を熱心に進めていました。そこには、「使命」に燃えた日本語教員が複数いたはずです。その人たちは、自分の持つ教授技術や、知識をつぎ込んで日本語教育に当たっていたと思います。それが、現地の人たちの言葉を制限したり、奪ったりする政策と表裏一体であることを正確に認識していたのでしょうか。考えていたのであれば、彼らは自分の仕事に忠実であることと植民地において求められていた教育成果との矛盾に悩んでいたのではないか、と思います。今回ご紹介したテキストには、盛り込まれているイデオロギーこそ時局に即したものにせざるを得なかったという側面と、それでも、平易な文から始め、日本語を学ばせていくという日本語教師としての矜持を感じることができます。私も一人の日本語教師として今の時代にどう向かうのか日々考えています。

二〇一九年、『日本語教育の推進に関する法律』が成立しました。法律の冒頭の「目的」には以下のように書かれています。

第一条　この法律は、日本語教育の推進が、我が国に居住する外国人が日常生活及び社会生活を国民と共に円滑に営むことができる環境の整備に資するとともに、我が国に対する諸外国の理解と関心を深める上で重要であることに鑑み、日本語教育の推進に関し、基本理念を定め、並びに国、地方公共団体及び事業主の責務を明らかにするとともに、基本方針の策定その他日本語教育の推進に関する施策の基本となる事項を定めることにより、日本語教育の推進に関する施策を総合的かつ効果的に推進し、もって多様な文化を尊重した活力ある共生社会の実現に資するとともに、諸外国との交流の促進並びに友好関係の維持及び発展に寄与することを目的とする。

続いて、日本語教育に関して、国、地方公共団体、事業主がどのように責任を負うのかが記載されています。さらに、第十二条では「外国人等である幼児、児童、生徒等に対する日本語教育」、第十三条では「外国人留学生等に対する日本語教育」、第十四条では「外国人等である被用者に対する日本語教育」が取り上げられ、第十六条には「地域における日本語教育」について定められています。

私はこれらの条文を見て、そこに、日本語を学ぶ人たち自身の生活を充実させる、生活の質の向上を図るという文言がないことに若干の不安を抱いています。もちろん日本人とのかかわり、職場での専門的技能、就労に必要な日本語能力という言葉はありません。でも、それだけだと、戦前戦中に進められた、日本人を中心に置いた日本人のための、働くための日本語教育になってしまうような気がするのです。いうまでもなく、日本における日本語社会の中での日本語教育ですから、書く必要はないのかもしれません。それでも、日本語教育が、学んでいる人たち一人一人の権利を守り、生活の質を向上させるものであってほしいと、私は思うのです。

歴史は繰り返す、と言います。

今、再び、国家が日本語教育に強くかかわろうとしています。

こういった資料から浮かび上がる当時の日本語教育関係者の苦悩、葛藤のようなものも、けっして過去のことではなく、今につながる問題だということも私たちは意識するべきだと思います。

今回、この本でご紹介したラジオ講座のテキストは、少し前の時代に、国家が日本語教育に大きくかかわっていた時代の産物なのです。国家が日本語教育にかかわり、教育する内容を国家が決めるようになるのではないか、という懸念を私は持ち続けています。

日本語教育における「ニーズ」が誰の「ニーズ」を満たすことなのか、再び、個人のニーズではなく、国家のニーズを満たす方向に進むのではないか、歴史を知る一人として、懸念を抱いています。

もし、これから、読者の皆さんが、地域に暮らす外国の方々や、海外生活で出会った現地の方々に日本語を教えるという機会があったなら、ここで取り上げたシラバスを意識して、今の多種多様な教材を眺めてみてはどうでしょうか。そして、その教材が何を教えようとしているのか、一〇〇年後、その教えようとしている内容はどう評価されるのか、そんなことを考えるとこれまでの何倍も面白いと思います。時空を超えた先輩たちとの会話ができるかもしれません。それが、歴史研究の一つの面白さです。

人が人に日本語を教えるという基本は、一〇〇年前から何も変わっていないのですから。

参考文献

上田崇仁
二〇〇〇『植民地朝鮮における言語政策と「国語」普及に関する研究』「ラジオを利用した「国語」教育に関する研究」広島女子大学国際文化学部紀要、第一〇号。
二〇〇三「植民地朝鮮におけるラジオ「国語講座」」『〈文明化〉による植民地支配』植民地教育史研究年報、第五号、皓星社。
二〇〇四「ラジオ「国語講座」と「国語教育」」『アジア社会文化研究』アジア社会文化研究会。
二〇〇七「『放送教本初等国語講座』に見る「国語」教育」『植民地の朝鮮と台湾』第一書房。
二〇一三「マスメディアを利用した日本語教育」『日本語・日本語教育の研究』スリーエーネットワーク。
二〇一四「ラジオが教えた日本語——学校教育の周辺での日本語教育」『日本統治下台湾・朝鮮の学校教育と周辺文化の研究』平成二三—二五年度科学研究費補助金（基盤研究(B)）研究成果報告書、課題番号二三三三〇二二九。
二〇一五「ラジオを利用した植民地の「国語」教育」『増補改訂　戦争ラジオ記憶』。
篠原昌三
一九八一『JODK——朝鮮放送協会回想記』朝放会本部。
シュミット、マリア・ガブリエラほか
二〇一〇『日本と諸外国の言語教育におけるCan-Do評価——ヨーロッパ言語共通参照枠（CEFR）の適用』朝日出版社。
高見澤 孟
二〇〇一『はじめての日本語教育2　日本語教授法入門』（初版 一九九六）アスク。
二〇〇四『新・はじめての日本語教育2　日本語教授法入門』（増補改訂版）アスク出版。
竹内昭子
二〇〇二『ラジオの時代』世界思想社。

津川　泉
　一九九三　『ＪＯＤＫ消えたコールサイン』白水社。
日本語教育学会
　一九九一　『日本語教育機関におけるコース・デザイン』。
日本放送協会
　一九三一～一九四七　『ラヂオ年鑑』日本放送出版協会。
縫部義憲
　一九九四　『〈日本語授業学〉入門』瀝々社。
橋本雄一
　一九九八　「声の勢力地図――「関東州」大連放送局と「満洲ラヂオ新聞」の連携」『朱夏』一一号。
藤田圭一
　一九六九　『素顔の放送史』新日本出版社。
放送文化研究所二〇世紀放送史編集室
　『部内用　放送資料集一〇　台湾放送協会』啓文堂。
毎日新報
　一九一〇～一九四五　『毎日新報』。
丸山敬介
　二〇〇四　『日本語教育演習シリーズ　③授業の組み立て』凡人社。
最上勝也
　二〇〇七　「放送標準語の成立とその背景――耳のコトバの確立まで」『コミュニケーション文化』第一号、八五―九六頁、跡見学園女子大学。
モロウ、キース
　二〇一三　『ヨーロッパ言語共通参照枠（ＣＥＦＲ）から学ぶ英語教育』和田稔ほか訳、研究社。
山口　誠
　二〇〇一　『英語講座の誕生』講談社。

課	タイトル	文型	例文
29	電話	V予定です ～いかがでしょうか	モシモシ、カネモトサンデスカ。 サウデス。 オホヤマデスガ、センジツハオジャマヲシマシタ。
30	天気	Vかもしれません	ヨイテンキデス。 空ハヨクハレテ、クモハ一ツモアリマセン。 カゼガソヨソヨトフイテヰマス。
31	農業	Vために	五月、タネモミヲナハシロニマイテ、イネノ苗ヲツクリマシタ。 六月、雨ノフルコロ、田ヲウヱマシタ。 水ガカレナイヤウニヨクチュウイヲシマシタ。
32	工場		私ハコウジャウノキシュクシャニヰマス。 コウジャウノアリサマヲオハナシシマセウ。 アサ五時ハン、キシャウラッパデ一セイニ起キマス
33	増産		バリバリトサクガンキガイワヲエグッテ行ク。 カンテラノ光ニテラサレタウスグライイワアナノナカニウツクシクトビチル火花。 クロイクヮウセキガクダケテオチル。
34	貯蓄	Vても	チョチクハワガミワガヤノタメニモシマスガ、イマハオクニノタメニヤクニタタセルノデス。 イクラシナモノガ有リ、オ金ガ有ッテモ、センサウニマケタラナンニモナリマセン。 センサウニカツタメニハ、一パツノタマデモ、一ダイノヒカウキデモ、オホク作ッテセンジャウニ送ラナクテハナリマセン。 私タチガカフ一マイノサイケンモ、一円ノチョキンモ、ミナテキベイエイヲウチホロボスタマヤ、ヒカウキヲツクルヒヨウニナルノデス。
35	納税	～には	国ガサカエルタメニ、コクミンガシナクテハナラナイツトメガ三ツアリマス。 ダイ一ハ兵エキノギムデス。 ダイ二ハナフゼイノギムデス。 ダイ三ハケフイクノギムデス。

課	タイトル	文型	例文
20	台所	ここ Vてあります Vように	ココハダイドコロデス。 カマデゴハンヲタイテヰマス。 シチリンニナベガカカッテヰマス。
21	買い物	いくら ～になります	「ゴメンクダサイ。」 「イラッシャイマセ。」 「コノハクサイハオイクラデスカ」
22	見送り	～ので Vことにします Vられる	ケフハオトウトトーショニ、イトコノニフエイヲミオクリニイキマシタ。 イトコハキシャニノッテイキマスノデ、ワタクシタチハノリアヒジドウシャデイフニイクコトニシマシタ。 キップヲ二マイカヒマシタ。
23	挨拶	挨拶慣用表現	オハヤウゴザイマス。 オハヤウゴザイマス。 ケフモヨイオテンキデスネ。
24	道を尋ねる	～なら Vと	チョットウカガヒマス。 テイドウチャウ一バンチハドノヘンデスカ。 アノヲカノウヘガ一バンチデスガ、ドナタヲオタヅネデスカ。
25	訪問	敬語	ゴメン下サイ。 金本サンハイラッシャイマスカ。 ドナタ様デゴザイマスカ。
26	手紙		ハイケイ。 サクラノ花ガサイテ、スッカリ春ニナリマシタ。 ソノゴハオタクヲハジメカイタクムラノミナサマニハオカハリハアリマセンカ。
27	郵便	VてVてVて 命令形 ～と書く	カイタク村ノヲヂサンニアテテ父ガテガミヲ出シマシタ。 ビンセンニ書イテフウトウニ入レ、キッテヲハッテイウビンバコニ入レマシタ。 ヲヂサンカラスグ来イトイフヘンジガ来マシタ。
28	為替		父ハヲヂサンニオ金ヲオクリマシタ。 私ガヲヂサンノ家デオセワニナルヒヨウデス。

課	タイトル	文型	例文
11	防諜	～から ～でも	カベニ　ミミガ　アリマス。 ショウジニ　メガ　アリマス。 カンテフハ　ドコニモ　ヰマス。
12	体	Adj く　V （道具）で （場所）で	カラダヲ　ツヨク　キタヘマセウ。 ツヨイ　カラダデ　オクニニ　ゴホウコウヲ　シマセウ。 グンジンニ　ナルニモ、コウバデ　ハタラクニモ、ツヨイ カラダガ　ヒツエウ　デス。
13	健康	N にします V ば 連用中止 V やすい （理由）から V なければならない V たり V とき	ヱイセイニ　チュウイシテ、カラダヲ　ジャウブニ　シマ セウ。 ノミモノヤ　タベモノニ　キヲ　ツケマセウ。 キモノヤ　スマヰヲ　セイケツニ　シマセウ。
14	住まい	N の上にあります （場所）から V ています（状態）	ワタクシノ　ウチハ　ヲカノ　ウヘニ　アリマス。 ヘヤニハ　ヨク　ヒガ　アタリマス。 ヤネハ　ワラブキ　デス。
15	家具	V ています（進行） V てから V つもりです	チチハ　ツクヱデ　ジヲ　カイテ　ヰマス。 アニハ　イスニ　コシヲ　カケテ　ホンヲ　ヨンデ　ヰマス。 ハハハ　タンスカラ　キモノヲ　ダシマシタ。
16	着物	V てください	ハルコサン、ミンナノキモノノヲソロヘテクダサイ。 オトウサントニイサンハコクミンフクデス。 オカアサントワタクシハテウセンフクデス。
17	裁縫	それから～	サイホウハヲンナノタイセツナシゴトデス。 キモノヲヌフ一ハリ一ハリハヘイタイサンガウツタマノ一 ツ一ツニモアタリマス。 モノサシデタンモノノスンパウヲハカリマス。
18	洗濯	V ておきます	ケフハヨイテンキデス。 センタクヲシマセウ。 センタクモノヲミヅニヒタシテオキマシタ。
19	食事	V ていらっしゃる いただく	「ゴハンデスヨ」オカアサンガヨンデイラッシャイマス。 アサゴハンデス。 カミサマニオソナヘシテカライタダキマス。

資料4　『初等国語講座』2　文型と例文

課	タイトル	文型	例文
1	日本	NはNです NのN	コレ　ハ　ヒ　ノ　マル　ノ　ハタ　デス。 ヒ　ノ　マル　ノ　ハタ　ハ　ニッポン　ノ　コクキ　デス。
2	天皇陛下	これ Nがみえます Nがあります	コレ　ハ　キュウジャウ　ノ　ヱ　デス。 ニヂュウバシ　ガ　ミエマス。
3	神様	NをVます なんですか それ、あれ	ジンジャサンパイ　ヲ　シマス。 カシハデ　ヲ　ウチマス。
4	国民	私は～です あなたは～です Nがいます	ワタクシ　ハ　ニッポンジン　デス。 ワタクシ　ハ　クヮコクシンミン　デス。
5	家族	どなた だれ	ワタクシ　ノ　イヘ　ハ　五ニン　カゾク　デス。 アノ　カタ　ハ　ドナタ　デスカ。
6	村	VているN Nといいます NはNの真ん中／隣にあります	ワタクシ　ノ　スンデ　ヰル　メン　ハ　コンガウメント　イヒマス。 メンチャウ　ノ　ナ　ハ　ハルヤマトシヲ　ト　イヒマス。 メンジムショ　ハ　メン　ノ　マンナカ　ニ　アリマス。
7	愛国班	NがV Nに移動動詞	アナタ　ノ　アイコクハン　ノ　ハンチャウサン　ハ　ドナタ　デスカ。 ケサ　ハ　タイセウホウタイビジャウクヮイ　デス。 ムラ　ノ　ヒト　ガ　アツマリマシタ。
8	大東亜戦争	NとN ～には ～とが NやN	グンタイ　ニハ　リクグン　ト　カイグン　トガ　アリマス。 センシャ　ハ　リクグン　ノ　ヘイキ　デス。 センス丼カン　ハ　テキ　ノ　グンカン　ヤ　フネ　ヲ　ウチシヅメマス。
9	軍人	～にも Nになります Nに授受動詞	テウセンイモ　チョウヘイセイガ　シカレマシタ。 ワタクシハ　ライネン　チョウヘイケンサデス オトウトハ　セイネンヒカウヘイニ　ナリマシタ。
10	防空	できましたか（完了） Vされました Vましょう	クンレンケイカイケイハウ　デス。 バウクウノ　ヨウイハ　デキマシタカ。 ハイ、デキマシタ。

第四巻（第三巻は欠け。ローマ字表記とスンダ語の対訳表記を現代仮名遣いに改めた）

課	文型、話題	例文
1	「が」と「は」の利用規則	誰が働いていますか？ 太郎が働いております。 太郎は、何をやっていますか？
2	「の」の利用規則	この子は、誰の子ですか？ この子は、わたくしの兄の子です。 昨日、映画館にわたくしの帽子を忘れてきました。
3	「に」「へ」と「で」の利用規則	今日、親たちに手紙を書きましょう。 わたくしにあの本を見せてください！ この小包をご主人に渡してください！
4	「を」の利用規則	夢を見る。 卵をゆでる。 夢をもらう。
5	「も」の利用規則	わたくしも一緒に参ります。 その時にあなたもそこにいらっしゃいましたか？ あなたがいらっしゃらないなら、わたくしも行きません。
6	「か」の利用規則	ご飯は、もうできましたか？ あなたは、ラジオがありますか？ いつ映画館へ行きましょう。
7	「と」「や」「だの」「と「し」の利用規則	あの人の言うことは、嘘だと思います。 わたくしに、早く来いと言いました。 今日うちへ帰るつもりだ、とあの人は言いました。
8	「より」「から」の利用規則	うちから手紙をいただきました。 お父さんから郵便為替で10円いただきました。 誰からそれを聞きましたか？
9	「まで」の利用規則	今まで、一遍もバリへ行ったことがありません。 生まれてから今まで、病気にかかったことがありません。 夜遅くまで一生懸命に働いていました。
10	「さえ」「すら」「だに」の利用規則	子どもでさえそれを理解することができます。 信心深い人でさえ、欠点があります。 あの人は自分の名前さえ書けません。
11	「ばかり」「だけ」「ほど」と「くらい」の利用規則	それこそわたくしの探していたものです。 わたくしこそお詫びを申し上げなければなりません。 あの人こそこの仕事に最も適当です。
12	「のに」の利用規則	この建築は、十万円ばかりかかりました。 重病で体の目方が10キロばかり減りました。 あの青年の年は、十八ぐらいでしょう。
13	「ほか」「師か」の利用規則	こういうものは、他ではぐっと安く買えます。 どうぞ、他の日に来てください！ それをほかの人に言ってはいけません。
14	「のに」の利用規則	親の言うとおりにすればよかったのに…… 兄は、重病だのに、勤めに出ました。 あの人は、貧乏なのに、ぜいたくな生活をしている。

第二巻（表記はローマ字表記を現代仮名遣いに改めた）

課	文型、話題	例文
1	数、曜日、期間、月	百、二百、三百 一週間は七日で、ひと月は三十日です 一年は何日ですか？ 何曜日に日本語講座がありますか？
2	色、衣服、Adj+N	白、赤、黒 色にはいろいろあります いろんな色
3	い形容詞、買い物の会話、自己紹介の会話	太い、細い、長い これは大きいです この大きいのを買います それは小さい
4	家族呼称、家族紹介の会話	会社員、働く、父 あの太った人はどなたですか わたくしの父です 痩せたのが母です
5	家族に関する会話	家族、友達、親類 妹夫婦と子供一人の三人家族です わたくしの家族は五人です 家族はいくたりですか
6	寒暖に関する会話	暑い、寒い、水 昼は暑いですが朝は寒いです 暑いと水を浴びて間に合います こんなに寒くては、お湯が欲しいです
7	挨拶、慣用表現	挨拶、おはよう、おはようございます 朝はおはようとあいさつします 昼は、こんにちはと言います 帰るときは、さようならと言います
8	訪問の会話（主人と客）	訪問、申します、御用 お待ちください！ ごきげんよう いかが？
9	～から（理由）、形容詞の副詞用法	明るい、暗い、薄暗い まだ明るいから電気はいりません 暗いうちから、起きて働きます 薄暗いから明かりをつけましょう。

資料３　インドネシア『NICHI-DJO NIPPONGO RADJIO KOZA』テキスト抜粋

第一巻（表記はローマ字表記を現代仮名遣いに改めた）

課	文型、話題	例文
1	数	一、二、三
2	こそあど、存在文、Nです	これ、この、それ ある あります ございます
3	時間、時計の読み方、Vています（状態）	時計、持つ、何 時計があります 時計を持っていますか はい、持っています
4	Nがいます、あります、おります、はい、いいえ	人、犬、猫 ありますか？ 人がいます 人がおります
5	人称詞、NはNです、Nの（所有）	わたくし、あなた、あの人 私は大工です あなたは先生ですか あの人は医者です。
6	上下脇中真ん中間外、Nの～にあります、Vてください	上、下、脇 テーブルの上にカバンがあります 椅子のわきにかごがあります 箱の中にペンと鉛筆があります
7	右左前後ろ側、	右、左、前 あの家の右側にわたくしのうちがあります あのうちの左側に川があります 学校の前に山があります
8	道案内、Vと	まっすぐ、曲がる、つきあたり これはまっすぐ、そこを曲がるのです。 その角を曲がる まっすぐ行くと郵便局があります
9	どこ、いつ、なに、なぜ、Nでしょうか、Vて、Adjくなります	どこ、いつ、何 医者のうちはどこですか まっすぐ行って、左に曲がるとあります いつあなたは来ましたか
10	いくら、Sが、Vないでください、通貨（銭）	いくら、値段、高い これはいくらですか？ 値段はいくらですか？ 五十銭です
11	い形容詞、可能形	やさしい、難しい、けれども マレイ語はやさしいけれども日本語は大変に難しい ミカンをください 甘いですか？
12	基本動詞、Vてください、Adjになります	来る、帰る、上がる 奉公人が帰る 値段が上がる 値段が下がる

38	ふくと	二、「はい、見てきました。一本の木にかぞへきれない程咲いてゐて、風が吹くと花びらが散つて大変きれいでした」
39	なると	二、「え、冬になると大変寒いです、しかし、家の中はストーブがあつて、大層あたたかいのです」
40	大きいと	二、「この部屋がもう少し窓が大きいと明るくなつていいのですが、静かでいい部屋です」
41	ときには	一、「ユソフさんは、雨が降るときには、傘をさして学校へ行きますか」
42	ときにも	一、「学校では、雨の降るときにも外で体操をしますか」
43	よくて	二、「しつてゐます、カムサニさんは頭がよくて、日本語も大変上手です」
44	はやくて	二、「乗りました、日本の汽車ははやくて世界で一番時間が正確です」
45	行きますから	二、「私は、まだ仕事がありますので後から行きますから先に行つてください」
46	暑いから	四、「いいえ、暑いから電車で行きました」
47	ですから	二、「イサさんは、お休みですから、明日また来てください」
48	ですから	三、「あの靴は、小さいですから、とても入りません」
49	ので	二、「はい、明日出発するので、今日は校長先生の家へお別れの挨拶に行きました」
50	からです	四、「はい、仕事が沢山あつたからです」
51	から	二、「昨晩、夜中に強い風が吹いたから、着の葉が散つたのでせう」
52	ことがありません	二、「いいえ、私はまだ一度もペナンへ行つたことがありません」
53	こともあります	二、「たいてい家にゐますが、ときどき釣に行くこともあります」
54	のようです	二、「はい、大変上手になりました。日本語で話をすると日本人のやうです」
55	ように	四、「昼は暑いですが、夜は大変涼しくて日本の秋のやうにさわやかです」

*明らかに誤った用例。「〜してくれる」は受け身ではありません。より詳細な調査が必要だと思われます。

14	がいます	一.「犬がゐます」
15	でいます	二、「はい、遊んでゐます」
16	にちがいありません	二、「先ほど、吉田さんがお出でなつて、今お帰りになりましたから、吉田さんのにちがひありません」
17	かもしれません	四、「もう八時ですから、間に合はないかもしれません」
18	ではありません	二、「いいえ金曜日ではありません」
19	くありません	二、「いいえ、まだあまり寒くありません」
20	のではありません	二、「いいえ私は映画を見に行くのではありません」
21	ていません	二、「いいえ勉強してゐません」
22	でした	二、「聞きませんでした」 /二、「あそこは、前に空き地でした」
23	かったです	三、ユソフさんが「え、ずゐぶん暑かったです」と、言ひました。
24	たのです	四、「昨日は、病気だったのです」
25	ていました	二、「行きましたが、遅く行きましたので、音楽外は、もう終わつてゐました」
26	てしまいました	一、「ユソフさんは、この間買つた本を読んでしまひましたか」
27	だろうと思います	四、「五時頃には帰るだらうと思ひます」
28	になりませんか	一、「この本は、大変よい本です、あなたも、お読みになりませんか。」
29	ましょう	三、「それでは六時ですからいそいで出かけませう」
30	つもりです	一、「私は来年日本へ行つて日本の歴史を勉強して来るつもりです」
31	せてください	一、「ユソフさん、この手紙を給仕に出させてください」
32	れました	一、「私は昨晩犬に、吠えられました」/三、「ユソフさんが私に道を、教へてくれました」*
33	もし	三、「明日、もし、雨が降つたら止めませう」
34	なら	二、「あなたが行くなら、私も行きますが、あなたは行きますか」 二、「いいえ、持つてゐません、日本語の本なら沢山持つてゐます」
35	行けば	二、「この道の左側で、大きな木のある家ですから、この道をまつすぐに行けばすぐにわかります」
36	できれば	三、「ここまでできれば、もうすぐにできます」
37	よければ	二、「私の自転車は少し具合が悪いのですが、それでよければどうぞお使ひください」

28	（場所）にV Nも	ラジオ 体操	ひがし　の　そら　に、たいやう　が　のぼりました。 らじおたいさう　が　はじまります。 こども　も　おとな　も、男　も　女　も、みんな　げんき　で、たいさう　を　して　ゐます。 一、二、三、四、五、六、七、八、 一、二、三、四、五、六、七、八。
29	Adjくなります Nのようです		しづかな　よる　です。 やし　の　き　の　上　に　つき　が　でました。 あたり　は　あかるく　なつて、ひる　の　やうです。 とほく　で、こども　が　うた　を　うたって　ゐます。
30	Vたら Vとき （道具）で		みなさん、にっぽんご　で　はなしませう。 みちで　あったら　こんにちは、わかれる　とき　には　さやうなら。 あじや　の　ひかり　日本　の、ことば　を　みんなで　ならひませう

資料２　マレー半島『日本語講座』テキスト抜粋　昭南放送局（表記は原文ママ）

課	文法項目	本文
1	てはいけません	二、先生が「太郎さん、外を見てはいけません」と、おっしゃいました。
2	ないでください	三、「さしつかへありません、のどがかわきますから、水筒を忘れないでください。」
3	ないようになさい	三、お父さんが「危ないから深いところへ行かないやうになさい」と、おっしゃいました。
4	ないようにしてください	三、車掌が「電車の中では、たばこを、吸わないやうにしてください」と、言ひました。
5	なさらないでください	四、「ありがたうございます。すこし頭が、いたいのです。どうぞ御心配なさらないでください」
6	しないでください	五、ユソフさんは「ありがたうございます、心配しないでください」と、言いました。
7	ないようにしてください	三、ユソフさんのお父さんは「これからはこんなことのないやうにしてください」と、言ひました。
8	なければなりません	三、ラハマさんは、忙しいので「私は、この仕事をしてしまはなければなりません、先にお帰りください」と、言ひました
9	ですか	一、「あなたは、ラーマンさんですか。」
10	でしょうか	一、「映画は何時からはじまるのでせうか」
11	です	二、「私は、山田です」
12	のですか	一、「カムサニさん、何を書いてゐるのですか」
13	があります	二、「ここに、蓄音機があります」

19	曜日		たらうさん、けふ　は　なにえうび　です　か。 けふ　は　どえうび　です。 きのふ　は　なにえうび　でした　か。 きのふ　は　きんえうび　でした。 あした　は　なにえうび　です　か。
20	V ています（進行）	街頭	へいたいさん　が　ならんで　あるいて　ゐます。 こどもたち　が　はしって　ゐます。 手　に　ひのまる　の　はた　を　もって　ゐます。 あれ　は　日本　の　こくき　です。 ばんざい、ばんざい、日本、ばんざい。
21	V ています（復習）		きしや　が　はしって　ゐます。 じどうしや　が　とまって　ゐます。 たらう　が　じてんしや　に　のつて　ゐます。 はなこ　が　ばしやに　のつて　ゐます。 日本　の　ひかうき　が　とんで　ゐます。
22	V てきます V ました		へいたいさん　が、うま　に　のつて　はしつて　きました。 わたくしたち　の　まへ　で　とまりました。 そして、うま　から　おりました。 へいたいさん　は　あせ　を　ふいて　ゐます。 うま　は　みづ　を　のんで　ゐます。
23	V ましょう／ましょうか	道	たらうさん、はなこさん、いつしよに　さんぽしませう。 どこ　へ　いきませう　か。 あの　もり　へ　いきませう。 この　ひろい　みち　を　とほって　いきませう。 もり　に　とり　が　ないて　います。
24	V ました	道	たらう　と　はなこ　が　せんせい　と　いっしよに　あるいて　ゐます。 そら　が　くもって　きました。 かぜ　が　ふいて　きました。 あめ　が　ふって　きました。 さあ、あの　はし　を　わたって、はやく　かへりませう。
25	V てくださいませんか 伺います、お待ちしています	自宅、電話	たらう　が　でんわ　を　かけて　ゐます。 「もし　もし、たなかさん　です　か。」 「はい、たなか　です。」 「わたくし　は　たらう　です。 「こんばん　わたくし　の　うち　へ　きて　くださいませんか。」
26	挨拶 お入りください	自宅、訪問	たらう　の　うち　へ　たなかさん　が　きました。 「ごめんください、たなか　です。」 「よく　いらっしゃいました。」 「どうぞ　おはいり　ください。」 「ありがたう　ございます。」
27	(場所）へ V	自宅、訪問	たなかさん　は　へや　へ　はいりました。 「どうぞ　おかけ　ください。」 たなかさん　は、「ありがたう　ございます」と　いって、いす　に　こしかけ　ました。 はなこ　が、おちゃと　おくわし　を　もって　きました。 「どうぞ　おあがり　ください。」

11	いくつ （数）つ 形容詞の連体形 Adj N が（数）あります		ここにちゃわん　が　あります。 いくつ　あります　か。 ひとつ、ふたつ、みつつ、よつつ、いつつ　みんなで　いつつ　あります。 おほきい　ちゃわん　が　みっつ　あります。 ちひさい　ちゃわんが　ふたつ　あります。
12	〜まい （数）1〜10 何枚		ここ　に　かみ　が　あります。 なんまい　あります　か。 いちまい、にまい、さんまい、よまい、ごまい、ろくまい、しちまい、はちまい、くまい、じふまい、みんなで　じふまい　あります。 そこ　に　さらが　なんまい　ありますか。 いちまい、にまい、さんまい、よまい、みんなで　よまいあります。
13	何人 一人、二人、三人、… N には（複合助詞） おとうさん、おかあさん		ここに　せいと　が　なんにん　ゐます　か。 ひとり、ふたり、さんにん、よにん、ごにん、みんなで　ごにん　ゐます。 をとこ　の　せいと　が　さんにん　ゐます。 をんな　の　せいと　が　ふたり　ゐます。 たらうさん、あなた　の　うちには、なんにん　ゐます　か。
14	いくら N を　ください 〜銭 ありがとうございます いただきます	文房具店	たらう　が　かひもの　を　して　ゐます。 この　かみ　は、一まい　いくら　です　か。 それ　は　二まい　一せん　です。 じふまい、ください。 ありがたう　ございます。
15	副詞 ございません それでは	瀬戸物屋	たらう　が、せとものや　で　かひもの　をして　ゐます。 この　あかい　ちゃわん　は、ひとつ　いくら　です　か。 それ　は　ひとつ　三十せん　です。 はし　は　あります　か。 あひにく　はし　は　ございません。
16	N の上に N があります 上、下 色（赤い、青い）	学校	たらうさん、つくゑ　の　上　に　なに　がありますか。 あかい　本　と　あをい　本　が　あります。 あかい　本　の　上　に　なに　が　あります　か。 せんせい　の　えんぴつ　が　あります。 あをい　本　の　下　に　なに　が　ありますか。
17	（場所）で V 右、左、前、後ろ	自宅	たらう　の　うち　で、みんな　ごはん　を　たべて　ゐます。 たらう　の　みぎ　に　おとうさん　が　いらっしゃいます。 たらう　の　ひだり　に　おかあさん　が　いらっしゃいます。 たらう　の　まへ　に　はなこ　が　ゐます。 にっぽんじん　は、みぎ　の　て　に　はし　を　もちます。
18	（場所）から V て、〜 東西南北 自動詞	屋外	たらうさん、たいやう　は　どちら　から　でます　か。 たいやう　は　ひがし　から　でます。 にし　は　どちら　です　か。 ひがし　に　むかって　うしろ　が　にし　です。 ひがし　に　むかって　右が　みなみ　です。

資料1　南方『にっぽんご』テキスト抜粋　日本放送協会（表記は原文ママ）

課	文型	場面	例文
1	挨拶	学校	省略
2	Nです 私は　Nです	学校	こんばんは。 たらうさん、こんばんは。 せんせい、こんばんは。 わたくしは　せんせい　です。 わたくしは　せいと　です。
3	どなたですか はい／いいえ Nですか／ではありません	学校	こんばんは。 せんせい、こんばんは。 あなた　は　どなた　です　か。 わたくし　は　たらう　です。 あなた　は　せいと　です　か。
4	Nがあります これ／それ／あれ 何ですか これはNです	学校	ほん　が　あります。 えんぴつ　が　あります。 かみ　が　がります。 たらうさん、これ　は　なん　です　か。 それ　は　ほん　です。
5	Nがいます いらっしゃいます	学校	ねこ　が　ゐます。 とり　が　ゐます。 たらう　が　ゐます。 はなこ　が　ゐます。 せんせい　が　いらつしゃいます。
6	NとN Nはどこにありますか ここ／そこ／あそこに　あります	学校	ほん　と　えんぴつ　が　あります。 せんせい　が　いらつしゃいます。 たらうが　ゐます。 たらうさん、ほん　は　どこ　に　ありますか。 ここ　に　あります。
7	新出事項無	家庭	ちやわん　が　あります さら　が　あります。 さじ　が　あります。 たらうさん、これ　は　さじ　です　か。 はい、さう　です。
8	Vています／いらっしゃいます（状態） Nを どなたのN	学校	せんせい　が　ほん　を　もつて　いらっしやいます。 たらう　が　えんぴつ　を　もつて　ゐます。 たらうさん　これ　は　なん　です　か。 それ　は　ほん　です。 それ　は　なん　です　か。
9	この／その／あの（人）のです そうではありません	学校	ここ　に　ばうし　が　あります。 そこ　に　とけい　が　あります。 あそこ　に　くつ　が　あります。 この　ぼうし　は　どなた　の　です　か。 この　ばうし　は　わたくし　の　です。
10	おとこ　おんな 兄弟姉妹の言い方 複数の「～たち、～がた」	学校	たらう　と　はなこ　が　ゐます。 たらう　は　をとこ　です。 はなこ　は　をんな　です。 たらう　は　はなこ　の　にいさん　です。 はなこ　は、たらう　の　いもうと　です。

著者紹介
上田崇仁（うえだ　たかひと）
1969年山口県防府市生まれ。
2000年、広島大学大学院社会科学研究科博士課程後期国際社会論専攻修了。
博士（学術）。
現在、南山大学人文学部日本文化学科教授。
主な論文に「『日語読本』の特徴：併合前の教科書は何を教えたのか」（『新世紀人文学論究』第4号、2021年）、「研究ノート「旧韓末『日語読本』考」（『南山大学日本文化学科論集』第21号、2021年）、「教員養成における新たな視点」（『南山大学教職センター紀要』第7号、2021年）、「植民地朝鮮で「国語」は何を教えたのか」（『東アジア文化研究』第1号、2021年）など。

電波が運んだ日本語　占領地、植民地におけるラジオ講座

2022年3月15日　印刷
2022年3月31日　発行

著　者　上田　崇仁

発行者　石井　雅
発行所　株式会社　風響社

東京都北区田端4-14-9（〒114-0014）
Tel 03（3828）9249　振替00110-0-553554
印刷　モリモト印刷

ISBN987-4-89489-421-1　C0022